Hermelin auf Bänken

Patrick Holzapfel

Hermelin auf Bänken

Roman

Rohstoff

»Niemand hat uns gesehen. Wir haben niemand gesehen, so blind sind wir vor lauter Sehen.«

Miguel Hernandez

Der Müßigsitzer

Porzellangasse, 21. Mai, 14:30 Uhr

eine kurvige Form. Zwanzig dünne braune Holzplatten, die Sitzfläche und Lehne vereinen. Armlehne und Beine sind aus Metall und in verspielter, geschwungener Form. Die Beine überkreuzen sich zu einem X. Steht abgewandt von der Straße, in Richtung eines alten Lampenschirmgeschäfts. In der Spiegelung des Schaufensters das Farbenmeer einer wohlhabenden Stadt. Nur wenige Schritte weiter steht eine andere, zur Straße gerichtete Bank gleicher Bauart (Zwilling). Wenige Schritte in die entgegengesetzte Richtung eine Werbesäule und Fahrradständer. Trotz der lebendigen Umgebung, des Lärms der Autos und Straßenbahnen eine große Stille, die von der Bank ausgeht. Aufenthalt: drei Stunden. Vergesse die Stadt in meinem Rücken.

Zuerst fällt mir der lange weiße Königsmantel auf. Ein König, denke ich. Dann blicke ich auf. Es ist ein Sandler, wie sie in Wien sagen. Ein Sandler in prachtvoller Hermelinrobe. Er geht auf dem Trottoir. So was sieht man nicht alle Tage. Ich folge ihm, obwohl ich eigentlich verabredet bin. Ich muss ihm hinterher, genau kann ich nicht sagen, weshalb. Etwas zieht mich an. Meine Verabredung muss warten, sie ist nicht wichtig. Es fällt mir schwer, seinen Schritten zu folgen. Der weiße Mantel schleift über den Asphalt. Ich verstehe die Wege der Mondsüchtigen nicht. Ich bin keiner von ihnen, bin einer, der Verabredungen und Ziele hat. Für gewöhnlich gehe ich geradeaus. So hat man mir das beigebracht. Meine Mutter war das. Sie ist vor Kurzem gestorben. Sie hat mir beigebracht, dass man Wege kurz halten soll. Also gehe ich geradeaus. Zur Universität, zu einer Verabredung, wohin auch immer. Hauptsache geradeaus. Die Straßen in Wien erlauben das. Man bewegt sich auf ihnen und kommt wo an. Schilder weisen den Weg. Das ist nur recht so, sonst gingen ja alle verloren. Meine Mutter hat gesagt: Die geraden Wege führen am besten durchs Leben. Davon, das merke ich, weiß dieser Hermelinkönig nichts. Er geht in Kurven und ich gehe ihm hinterher. Die Gehwege sind breit genug für seine Schlenker, und wenn sie es nicht sind, geht er auf der Straße. Die Menschen weichen ihm ohnehin alle aus. Ich aber folge ihm. Dieser graue Mann im weißen Pelz. Dieser Sandler in Königsrobe, in dessen Gesicht ein fahlgrauer Bart wuchert, geht des Gehens wegen oder um nicht einzuschlafen. Ich folge ihm und es beginnt mir zu gefallen, so in den Tag hinein zu gehen ... ich stelle mir vor, was in diesem Mann vor sich geht, frage mich, ob ihn Stimmen in seinem Kopf ins Ziellose rufen. Er schlendert stolz mit vorgestrecktem Kinn durch die Gassen des neunten Wiener Gemeindebezirks und zieht seine löchrigen Schlappen wie einen Pflug über die Straßen. Er geht langsam, langsamer als die Tauben, die, von seinem Butterfäulegeruch angezogen, um ihn tippeln. Die Tauben und ich. Wir sind die Einzigen, die ihn anschauen, die mit ihm gehen. Er bemerkt mich nicht. Wahrscheinlich bemerkt er nichts von dem, was ihn umgibt. Ich bin unsichtbar für ihn und fühle mich wohl in dieser Unsichtbarkeit, hier, inmitten der Porzellangasse. Hier ist Wien seine eigene Phantasie. Alles glänzt und aus den Kaffeehäusern riecht es nach Lavendel. Es ist ein geschäftiger Tag, die Kinderwägen werden hastig geschoben, alle wollen schnell irgendwo hin.

Mit einem Mal bleibt der König stehen. Er setzt sich auf eine Bank und verfällt sofort in eine friedliche Ruhe, ganz regungslos, entspannt. Seinen Mantelkragen hält er mit beiden Händen eng an den Hals. Ich stehe auf dem Gehsteig und starre ihn an. Es ist kaum zu fassen. Diese Ruhe ist mir noch fremder als die Kurven. Er scheint allem zu entgleiten, was ihn umgibt. Er hört sie nicht mehr, die penetrant ratternden Straßenbahnwagen, die erstickende Flut ihn ignorierender Menschen, die schallenden Reklamen, die Bohrer und Hämmer auf Asphalt, die gierig gurrenden Tauben und die falsch spielende Flötistin im dritten Stock direkt über ihm. Der Lärm der Stadt weht unbemerkt an ihm vorüber. Ich beneide ihn um seine

Unsichtbarkeit. Die Bank, auf der dieser Obdachlose sitzt, ist eigentlich jenen vorbehalten, die auf die Straßenbahn warten. Aber auf die Straßenbahn, das erkenne ich, wartet dieser Mann keineswegs. Er wartet auf nichts. Es handelt sich um eine ungewöhnliche Bank, weil sie nicht zur Straße gerichtet ist, sondern auf ein Schaufenster, und es ist dieses Schaufenster, in das der Sandler starrt. Ich versuche zu erkennen, was es im Schaufenster zu sehen gibt, aber kann nichts erkennen. Sonnenlicht spiegelt sich im Glas. Ich muss wissen, was er da sieht, warum er da sitzt. Ich überlege, mich neben ihn zu setzen. Macht man das? Einfach so? Vielleicht hat er Krankheiten. Schwachsinn! Ich will trotzdem nicht als komischer Kerl gelten, der am Alsergrund den Sandlern nachsteigt. Also gehe ich zunächst mit der Anspannung des Sich-selbst-Beobachtenden an dieser Bank und diesem grauen, stillen, auf das Fenster starrenden Mann vorbei. Ich drehe meinen Kopf und erkenne, dass die ganze Auslage im Schaufenster von einem erstaunlich bunten Durcheinander an Lampenschirmen besetzt ist: knallrote, quietschgelbe, rosa schimmernde, befleckte, gestreifte, pulsierende, sich geradezu aus dem Fenster lehnende Lampenschirme. Einige Meter weiter bleibe ich stehen, um nach wenigen Sekunden erneut an König und Fenster vorbeizugehen. Ich wage einen weiteren Blick in das bunte Fenster. Da ist meine Kindheit. Im Fenster ist meine Kindheit ausgestellt. Die Blumenwiese vor unserem Haus, ein Regenbogen aus leuchtenden Farben. Pass auf die Wespen auf, sagte mir meine Mutter damals, aber da war ich schon im

Gras verschwunden. Die Nachtlampe neben meinem Bett. Meine Mutter kam und schaltete sie aus. Du musst jetzt schlafen, sagte sie. Die im Garten aufgehängte Wäsche im Sonnenlicht, meine Mutter bat mich, ihr die Wäscheklammern zu reichen. Ich tagträume. Noch einmal gehe ich zwischen Bank und Fenster hindurch. Diesmal blicke ich in die andere Richtung. Ich schaue dem Sandler in die blassgrauen Augen. Es kostet mich einige Überwindung. Ich sehe ihn an. Wahrscheinlich ist es das erste Mal, dass ich einen Obdachlosen wirklich ansehe. Ich sehe ihn an und erkenne, dass es dieser Mann genießt, dort zu sitzen und die bunten Lampenschirme zu betrachten. Also setze ich mich neben ihn. Das ist keine große Sache. Da ist eine Bank, also setze ich mich. Nichts dabei. Ich höre ihn neben mir atmen. Er hat einen schweren Körper. Zumindest lässt ihn der dicke Hermelinmantel so erscheinen. Ich möchte das Fell berühren, aber halte mich zurück. Das wäre wirklich zu viel. Einige Minuten vergehen. Wir sitzen wie zwei Könige, die sich verstehen. Wir blicken auf unsere Ländereien und auf das, was wir erreicht haben. Ich spüre, dass es ihm so ergeht wie mir. Er atmet ganz ruhig. Sein Speichel trocknet in den Mundwinkeln. Er lächelt, so scheint es, ich bin mir nicht sicher. Ich fühle mich wohl. Es ist aber nicht die berauschende Aussicht auf die Lampenschirme, die mich berührt. Es ist das Sitzen auf dieser Bank. Die Zeit hört endlich auf zu sein. Wir sitzen wie auf dem Mond. Die Erde ist weit weg. Ich frage mich, warum ich sonst so wenig auf Bänken sitze. So in den Tag hinein zu sitzen … das könnte doch etwas für mich sein. Ich sollte das öfter machen. So könnte ich auch nachdenken. Ich habe das Gefühl, dass ich viel nachdenken sollte. Oder gar nicht mehr nachdenken. Alles vergessen. Das würde mir guttun. Ich beginne schon damit.

Der Hermelinkönig sitzt schon gar nicht mehr neben mir. Er ist losgezogen. Ohne mich. Hat den süßlichen Geruch toter Motten hinterlassen.

Odoakergasse, 14. Juni, 17:32 Uhr

graue Holzplatten, fünf Stück als Sitzfläche, jeweils vier Stück als zweigeteilte Lehne, steht auf Betonplatte. Blick: neu gepflanzter Kirschbaum direkt neben der Straße. Einen Meter hinter der Bank Parkplatz für angrenzendes Gebäude, ein Neubau mit grauen, blauen und weißen Holzlatten vor den Balkonen, verglastes Erdgeschoss. Auf der anderen Straßenseite eine Metzgerei. Aufenthalt: vierzig Minuten. Sonne von Häusern verdeckt, kaum Luftzirkulation. Ein unruhiger Spatz im Obstbaum.

Die Tage vergehen nun zwischen Bänken. Ich mache mir Notizen über das Sitzen, versuche, die Bänke zu beschreiben. Die Worte sitzen weniger fest als ich auf den Bänken. Immerhin vertreibe ich so die Zeit, ich will immer nur die Zeit vertreiben. Die Bank, auf der ich sitze, ist nicht anders als andere Bänke in dieser Stadt. Je nach Bezirk oder Park sehen die meisten Bänke gleich aus. In Wien gibt es zum Beispiel hundertfach das hellbraune Modell mit den grünen, gusseisernen Armlehnen. Ein Auslaufmodell, aber es hält sich wacker, wie so viele Auslaufmodelle im Herzen dieser seit mehr als einem Jahrhundert langsam, langsam zerfallenden Monarchie. Oder dunkelgrüne Exemplare ohne Armlehnen. Oder ein neueres Modell, braun, mit grauen Schienen und gerilltem Holz. Von Zeit zu Zeit kommen neue Modelle und verdrängen die alten. Es kommt vor, dass eine Bank, auf der man besonders gern sitzt, plötzlich nicht mehr da ist. Da hat man kein Mitspracherecht. Bänke unterscheiden sich da nicht von Menschen. Sie haben ein unbestimmtes Ablaufdatum. Ein ganzes Leben kann zusammenbrechen, wenn man nicht mehr da sitzen kann, wo man jeden Tag gesessen hat. Deshalb lege ich mich nicht fest. Ich sitze auf jeder Bank und nie zu lange. Außerdem bevorzuge ich Bänke, mit denen etwas nicht stimmt: herausgebrochenes Holz, unterschiedlich lange Beine oder gefährlich aus der Lehne ragende Nägel. Sie geben wenigstens nicht das Gefühl, dass sie ewig halten könnten. Ich glaube inzwischen fest daran, dass man jeden Ort neu sehen kann, wenn man sich auf ein Objekt konzentriert. Man verschiebt sozusagen die Schärfe und sieht alles wie beim ersten Mal. So hat man überhaupt einen Grund hinzusehen. In meinem Fall sind es Sitzbänke, Parkbänke, Straßenbänke – es könnten aber auch Mauerblumen, Wasserhydranten oder Antennen sein.

Karl-Kantner-Park, 17. Juni, 17:33 Uhr

hellbraunes Modell, Sitzfläche und Lehne aus jeweils einem Stück gefertigt. Zerkratzte schwarze metallene Armlehnen, die sich durch die Sitzfläche hindurch fortsetzen als Bein der Bank (ökonomische Bauweise). Vor der Bank ein Tisch. Bank steht auf asphaltiertem Quadrat; darüber die blühenden Kronen von Lindenbäumen, ihr Geruch betörend. Die Bank richtet sich zum Ballspielkäfig (die seltsame Wiener Romantik von Käfigen, in denen Kinder spielen). Es beginnt zu regnen. Zunächst viele Menschen im Park, dann nur vereinzelte Passanten und Jogger, schneller als sonst, um dem Regen zu entkommen. Aufenthalt: zwei Stunden. Aus den Linden fallen dicke Tropfen in meinen Nacken. Sehe Tauben, die sich unter einer anderen Bank vor der Nässe verstecken.

Ich ziehe mit Mühe eine Bank unter einen Kastanienbaum am Rand des Auer-Welsbach-Parks. Sie ist aus Eisen und Holz und noch etwas nass vom Regen. Ich habe mich hier verabredet mit Prince, einem Studienfreund. Er ist mein einziger Freund in dieser Stadt. Manchmal treffe ich andere Leute, aber das bedeutet nichts. Man redet ein bisschen, dann geht man wieder nach Hause. Ich studiere halbherzig, sitze seit meiner Begegnung am Alsergrund lieber auf Bänken. Ich habe schon immer lieber auf Bänken gesessen, aber das wusste ich zuvor nicht, also habe ich lange gar nichts getan. Außer halbherzig zu studieren. Ich setze mich und blicke auf. Es sind viele Kinder hier. Sie beachten weder die Bänke noch mich. Einige Burschen wuchten ihre zu großen Fahrräder durch die matschige Wiese. Wer am längsten auf dem Rad bleibt, gewinnt. Auf einer Tischtennisplatte springen Mädchen über Seile, ein Junge hängt sich ununterbrochen mit ausgestreckten Armen an einen dicken Ast, kann sich aber nicht länger als einige Sekunden festhalten. Ich sehe ein Eichhörnchen, das sich entlang eines anderen Zweiges hangelt, der vom Regen des Vortages beschwert wird. Tropfen rieseln zu Boden. Das Eichhörnchen schaut verdutzt und schüttelt sich, obwohl es gar nicht nass geworden ist.

Ich versuche, es mir bequem zu machen. Das fällt schwer. Eigentlich ist es unmöglich, wirklich bequem auf einer Bank zu sitzen, zumindest, wenn man mehr als einige Minuten auf ihr verbringt. Bänke sind gar nicht dafür gemacht, lange auf ihnen zu verweilen. Es braucht Übung, das merke ich. Ich denke an die Selbstverständlichkeit des Hermelinsandlers. Er hat sicher viel geübt. Er saß in Vollendung, als ich ihm vor einigen Wochen begegnete.

Ich versuche, mir die Bank und die Umgebung einzuprägen. Die meisten Bänke, auf denen man sitzt, vergisst man wieder. Was bleibt, sind Ereignisse: eine Begegnung, ein Regenschauer, eine Erkenntnis. Ich habe keine Erkenntnisse, aber manchmal regnet es.

Prince kommt auf seinem alten Rennrad mit seiner rosa Radfahrermütze, die er immer trägt. Sieht gut aus, auf seine Art. Ganz außer Atem ist er. Er trägt das Rad durch das matschige Gras zur Bank. Ich mag Prince. Er redet ohne Unterlass. Manchmal redet er so viel, dass er ganz erschöpft und krank wird. Dann schweigt er tagelang. Ich glaube, er erhofft sich, dass ihm im Reden eine Wahrheit aufgeht. Ein Freund, den man anrufen kann, wenn man ein Problem hat oder Hilfe braucht, ist Prince nicht. Wie ich kommt er aus Deutschland, aber auch nicht. Ich glaube, aus Mangel an einer Heimat freundet er sich damit an, von überall zu kommen, und zwar meistens dann, wenn man ihn nicht erwartet. Derart passt er nach Wien wie ein Fisch ins Auge.

Wir sprechen ein wenig über meine Begegnung mit dem Hermelinkönig und meine Begeisterung für Parkbänke. Ich sage ihm nicht alles, was mir durch den Kopf geht, erwähne nicht, dass ich eigentlich am liebsten nur noch auf Bänken säße und dass ich den König vom Alsergrund unbedingt wiedersehen wolle. Aber ich sage ihm, dass es mir die Bänke angetan haben und es mir sinnvoller erscheine, auf Bänken zu sitzen als zu studieren. Da nennt er mich einen hoffnungslosen Bankier und fängt an, zu reden, über das Studieren und die Stadt und die Ameisen, die sich nie hinsetzen würden, weil es ihnen besser gehe als uns und den Fischen, wobei ihm einfällt, dass der spanische Tennisprofi Nadal einmal gesagt habe, dass man wie ein Fisch denken müsse, das heißt, was immer passiere, man müsse es gleich vergessen, um zu überleben. Glucks, Glucks, Glucks, denke ich. Außerdem erzählt er mir allerhand über Franz von Assisi, seinen Spleen, wie er sagt, der als junger Mann auf den Straßen habe leben wollen und sich angeblich zu Beginn seiner Glaubenskarriere, die man, so Prince, auch als Wahnsinn bezeichnen könne, einmal nach Rom begeben habe, um unter Bettlern zu leben. Dort habe er sich aber, als er auf Französisch um Almosen gebeten habe, als Höhergestellter entlarvt. Die Welt ist irre, sagt Prince selbstzufrieden und belächelt mich dabei wie einer, der sich für schlauer hält und glaubt, den Wahnsinn der anderen zu durchblicken. Ich denke, dass Prince tatsächlich schlau ist, aber am schlausten sind die Tauben, und die sind irrer als alle. Immerhin weiß ich jetzt, was ich bin: ein Bankier, denn ich bankiere. Ich bankiere in den Tag hinein ... Prince fährt fort: Wir müssen einfach verstehen, dass wir, wie Nadal sagt, keine Fische sind. Man kann nicht einfach davonschwimmen. Ich bin mir dieser Allegorie keineswegs sicher, aber lasse Prince gewähren, denn irgendwann wird er zu irgendeiner Wahrheit kommen, und selbst wenn nicht, lausche ich seinen animierenden Gedankenflüssen, folge den Wendungen, die jenen des gehenden Hermelinkönigs gar nicht so unähnlich scheinen.

Zum ersten Mal aufgefallen ist mir Prince, als er während eines Referats über Sokrates und das Theater innegehalten hatte, um zum im Auditorium installierten Waschbecken zu gehen und sich die Hände in einer unendlich gestreckten Stille zu waschen. Für mehr als eine Minute hatte das Wasser geplätschert, und die verdutzte Professorin hatte panisch versucht, ihre Gedanken zu ordnen: War das ein performativer Einfall oder ein unduldsamer Akt gegen ihre Autorität, oder beides? Etwas an ihm sucht stets nach der inhärenten Subversion der Dinge. Ein Waschbecken im Vorlesungssaal, welch Potenzial! Ich frage mich, was er über Parkbänke denkt. Aber er tut mir den Gefallen nicht, spricht lieber über Fische. Man könne nicht einfach davonschwimmen, sagt Prince noch einmal, und glauben, dass es woanders keine Fischernetze gebe. Irgendwas drücke einen immer zu Boden, sagt er und sieht mich eindringlich an. Im Weiß seiner Augen sehe ich ein geplatztes Äderchen – zu wenig Schlaf, zu viele Träume. Es gebe ja immerzu und überall nur Fischernetze, jede Freiheit, die man außerhalb der Fischernetze vermute, sei in Wahrheit nur der Raum innerhalb eines weiteren, größeren Fischernetzes, denn irgendwer habe die Bänke doch aufgestellt und darauf geltende Regeln festgelegt. Selbst die Fischer wären letztlich Fische. Glucks, Glucks, Glucks! Entgegnen kann ich ihm nichts. Für mich gibt es keine Philosophie des Bankierens, wohingegen es für Prince für jede Handlung einen höheren Grund geben muss, egal ob er diesen wirklich finden kann oder sich erst ersprechen muss. Für ihn besteht die Welt aus wild tanzenden Funken, die sich berühren, zerfallen und jedes noch so obskure Eck für Sekunden erleuchten können. Dass einer einfach nur auf Bänken sitzen will, geht ihm nicht in den Schädel. Für ihn muss sich dahinter eine Metapher verstecken, ein Geheimnis. Für mich sind die Bänke ganz schlicht. Eine Bank ist eine Bank est une banc, wie Franziskus gesagt hätte. Eine Sitzbank ist einfach. Sie ist das Einfachste auf der Erde. Und genau das ist es letztlich, was mich auf ihnen sitzen lässt.

hellbraunes Modell (von getrocknetem Taubenkot und Nussbaumsamen bedeckt) mit grünen gusseisernen Armlehnen und Beinen aus einem Teil. Lehne besteht aus einem dünnen Holzbrett, Sitzfläche dicker. Bank steht am Eingang zum Währinger Park auf sandigem Weg. Hinter ihr verläuft ein niedriger Zaun um eine kleine Wiesenfläche. Ihr gegenüber stehen zwei weitere, neuere Bänke vor Büschen. Aufenthalt: eine Stunde. Morgensonne. Frage mich, warum Bänke am Eingang eines Parks stehen. Dienen sie den Unentschlossenen und denen, die sich bevorzugt am Rand aufhalten? Fühle mich beobachtet von nahen Balkonen und Fenstern. Keine Bank für Verliebte, eher für die, die eifersüchtig auf sie warten. Die Verlassenen am Parkrand.

Ich mache mich noch mal auf den Weg in den neunten Bezirk. Ich bin neugierig. Ich will sehen, ob der Sandlerkönig wieder vor den Lampenschirmen sitzt. Seit unserer Begegnung vor einigen Wochen habe ich ihn nicht mehr getroffen. Manchmal kommt er mir in den Sinn, und dann habe ich dieses dringende Bedürfnis, ihn zu sehen, mit ihm zu sitzen. Er würde sicher etwas verstehen vom Bankieren. Mit ihm könnte ich mich unterhalten über die Bänke und über das, was ich spüre, wenn ich sitze, das also, wofür Prince kein Verständnis aufbringen kann.

Ich steige am Volkstheater in die D-Straßenbahn. Auch in den alten Wiener Straßenbahnen sitzt man auf Holzbänken. Man sitzt, aber muss sich festhalten, weil alles ruckelt. Ich setze mich neben einen schlaksigen Kerl mit langen Haaren, Brille und Kopfhörern. Es gefällt mir nicht, mit ihm die Bank teilen zu müssen, versteht er doch nicht, was es bedeutet, auf einer Bank zu sitzen, er ist kein Bankier. Das sehe ich. Er sitzt nur, um von A nach B zu kommen. Sein Gesäß rutscht so weit nach vorne, dass lediglich sein Steißbein auf der Holzfläche aufliegt. So ist er immer bereit aufzustehen. Das hat wirklich nichts mit dem Bankieren gemein.

Vielleicht aber liegt es an der Bank. Die wirkliche Bank, die Bank, die es mir angetan hat, lebt davon, dass man niemals und unter keinen Umständen auf ihr sitzen muss. Man setzt sich, weil man sitzen möchte. Man setzt sich, und das verleiht der Bank eine ihrer schlichten Form nach ungeahnte Bedeutung. Die Bank tritt sozusagen aus dem Strom der Zeit. Sie ist der Widerstand, den sich die Stadtarchitektur gönnt, und sie ist auch ein Denkmal des Widerstands. In Straßenbahnen dagegen, und nicht anders in Kirchen oder vor Gericht, sitzt man devot, die Regeln befolgend. Man könnte den Bänken in Straßenbahnen zugutehalten, dass man auf ihnen reist, aber das ist mir zu spitzfindig. Mir ist alles zu spitzfindig, was ich mir nicht selbst denke. Ich jedenfalls schäme mich, dort zu sitzen, bin ich mir doch sicher, jemandem den Platz wegzunehmen, selbst wenn niemand zu sehen ist. Oder ich empfinde Nackenscham, das heißt, ich stelle mir vor, wie die hinter mir sitzende Person auf meinen Nacken starrt, und bilde mir dabei allerhand Unangenehmes ein bezüglich meines Halses und seiner Form, der Hautbeschaffenheit und des Geruchs. Auch die Füße kann ich nicht ausstrecken, und wenn ich ein Buch lese, überkommt mich stets das Gefühl, dass mein Sitznachbar mitliest. Das möchte ich nicht. Ich möchte für mich lesen.

Meine Mutter, erinnere ich mich, versteckte sich immer, wenn sie ein Buch las. Sie verkroch sich in irgendeine Ecke des Hauses, ganz so, als gehörte es sich nicht, ein Buch zu lesen. Das ging so weit, dass sie an manchem Abend fast im Dunkeln las. Nur eine bis zum Anschlag gedimmte Stehlampe ermöglichte ihr das äußerst mühsame Entziffern der Buchstaben.

Vielleicht hat mein Verhalten in öffentlichen Verkehrsmitteln damit zu tun, ich weiß es nicht. So was weiß man nie. Seit sie gestorben ist, entdecke ich viele ihrer Eigenschaften an mir. Aber auch solche, die nichts mit ihr zu tun haben. Sie hat es gemocht, auf Bänken zu sitzen, das schon. Mir geht viel durch den Kopf. Ich habe jetzt keine Verwandten mehr. Meine Eltern sind beide verstorben. Meinen Vater habe ich nie kennengelernt, meine Mutter habe ich neulich beerdigt. Ihre Überreste ruhen in einer Mauernische weit weg von hier. Ich will ab und an hinfahren und sehen, ob alles schön ist. Eine Kerze anzünden. Das wird ihr schon nicht zu hell sein.

Ich steige aus. Porzellangasse. Hinein in das geschäftige Treiben der Geradeausmenschen. Die Bestimmtheit der Wege wirkt fast gewaltvoll auf mich, auch wenn in Wien, im Vergleich zu anderen Städten, durchaus entspannt geradeaus gegangen wird. Es hält sich zumindest die Idee vom Flanieren. Man geht ein bisschen langsamer als anderswo, ein bisschen. Mit dem Gehen aber, egal in welcher Geschwindigkeit, habe ich nichts mehr zu schaffen. Ich flaniere sitzend. Ich bin ein Müßigsitzer.

Der König ist nicht da. Die Bank vor dem Lampenschirmgeschäft ist verwaist. Ich sehe einen fein angezogenen Herrn - Anzug, Krawatte maßgeschneidert - im Schaufenster hantieren. Er stellt ein paar Lampenschirme um. Äußerst sorgfältig. Ich setze mich wieder auf die Bank. Der Mann verschwindet nach einigen Augenblicken im Dunkel des Geschäfts. Dumpf starre ich in das Farbenmeer vor mir. Es dauert nicht lang, da überkommt mich wieder dieses angenehme Kribbeln, die Ruhe, die ich vor Wochen bereits empfunden habe. Es ist schön. Und trotzdem würde ich gern wissen, wo sich der Hermelinsandler herumtreibt.

grau-braunes Modell mit roter Metallstange, die als Verbindungsglied, Armlehne und als Beine zugleich dient. Lehne und Sitzfläche jeweils einbrettrig. Bank steht zusammen mit Zwillingsbank ungefähr einen Meter abgesetzt von der Uferpromenade am Donaukanal; Blick auf das Wasser. Hinter den Bänken eine Steinmauer, die alle hundert Meter Platz für Bänke macht. Hinter der Mauer ein Grashügel. Mistkübel stehen auf der gegenüberliegenden Seite des Weges, obwohl neben Bänken Platz wäre. Eine Geruchsentscheidung? Beobachte Raucher, die lieber neben dem Mistkübel stehen, als auf den Bänken zu sitzen. Aufenthalt: eineinhalb Stunden. Viele Radfahrer und Fußgänger in der Abenddämmerung. Gestrüpp und Bäume versperren Sicht auf das Wasser. Straßenlärm. Eine runde Laterne spendet Licht, Insekten fliegen gegen die Kunststoffabdeckung. Vor mir hat jemand einen Text auf den Weg geschrieben, ich kann die Wörter nicht entziffern. Es riecht nach Kanalisation.

Ich sitze im Karl-Kantner-Park und notiere mir einiges zu Bänken. Ich möchte sie besser verstehen, von ihnen lernen. Ich weiß es nicht. Bänke lassen sich wie folgt klassifizieren: große und kleine Bänke, lange und kurze, laute und leise, wache und schlafende, kalte und warme, Schattenbänke und Sonnenbänke, Halsbänke und Wirbelbänke, unbewegliche und bewegliche, Mauerbänke und Luftbänke, kaputte und gesunde, rutschige und raue, trockene und nasse, beliebte und unbeliebte, wirkliche und erwünschte, bescheidene und größenwahnsinnige und solche, die sich keiner Kategorie zuordnen lassen. Hinzu kommt die Unterscheidung nach Material: Holzbänke, Metallbänke, Plastikbänke, Marmorbänke und so weiter. Allen Unterschieden zum Trotz ist ihnen jedoch allen gemeinsam, dass man sie nur wirklich erkennt, sobald man sitzt. Es reicht nicht, sich eine Bank anzusehen. Man muss auf ihr sitzen. Es genügt auch nicht, sich kurz zu setzen. Man muss mindestens eine halbe Stunde sitzen. Je länger man sitzt, desto mehr erfährt man über die Bank. Und zugleich erfährt man auch etwas über Menschen, die auf Bänken sitzen. Die Sitzenden teilen nicht unbedingt mein Interesse an Bänken, aber halten sich doch auf ihnen auf. Ich beobachte hier beispielsweise seit einigen Minuten einen Mann, ich will ihn Herrn Mops taufen, weil er mit einem alten Mercedes um den Park gefahren ist, dessen Kennzeichen die Buchstaben MOPS zieren. Er hat seinen schweren Körper auf die Bank neben mir gehievt, gefolgt von einem winzigen, vollkommen runden, wie eine verdurstende Ratte hechelnden Mops. So ist das. Bei genauerer Betrachtung erinnert er deutlich mehr an einen Mops, als es sein Mops tut. Ein dunkler Bart wächst ihm von der Nase bis weit unter das Kinn, und seine schweren Tränensäcke hängen angeschwollen unter stets feuchten, penetrant treu dreinblickenden Glubschaugen. Auch atmet der gute Mann wie ein Mops, sein ganzer Brustkorb hebt und senkt sich, begleitet von einem röchelndem, nach Luft schnappenden Geräusch. Sein Mops dagegen erinnert mich an einen Knautschball oder ein Wollknäuel. Ich gebe zu, es bereitet mir zunehmend Freude, mich an solchen Beobachtungen zu ergötzen. Das ist nicht immer nett. Ich will sagen, dass ich nicht immer nett bin, wenn ich bankiere. Von einer Bank aus lässt sich eben herrlich über die Menschheit richten. Man sitzt über den Dingen.

Herr Mops zieht eine Schleimmasse durch seine Speiseröhre und schleudert sie aus seinem Mund auf den Asphalt. Sein Mops kläfft alle Passanten an und zittert dabei aufgeregt. Ich versuche, zu beobachten, was mit dem Schleim auf dem Asphalt passiert, als ich bemerke, wie diese entsetzlichen Belltirade plötzlich mir zu gelten beginnt. Auch das noch. Es gefällt dem Kläffer wohl nicht, dass ich so selbstverständlich auf dieser Bank sitze, die auch ihm hätte gehören können. Denn Hunde verstehen viel vom Bankieren. Sobald sie sich eine Bank ausgesucht haben, verteidigen sie diese gegen jedes Unheil. Der Mops steht einen Meter vor meinen ausgestreckten Beinen. Sabber rinnt aus seinem Mund, deutlich heller als der seines Herrchens. Er klingt, als würde er gleich ersticken. Glucks, glucks, glucks! Na ja, eher Ckkks, Ckkks,

Ckkks! Jetzt müsste Prince hier sein. Er liebt es, Hunde anzubellen. Er behauptet, mit ihnen sprechen zu können. Ich lache mich kaputt und denke: Prince kann doch nur mit sich selbst sprechen.

Aus dem Augenwinkel sehe ich, wie Herr Mops sich erhebt. Dieses Gebelle ist ihm sichtlich unangenehm. Er kommt mit beschwichtigenden Gesten angewackelt und kläfft nun seinerseits den Mops an. Dann packt er das Tier mit seinen Wulstfingern am Halsband und entschuldigt sich mit lieblich zwitschernder Vogelstimme bei mir. Ich gebe ihm zu verstehen, dass das alles kein Problem sei, dass ich daran gewöhnt sei, von Hunden angebellt zu werden. Ich weiß nicht, ob das stimmt. So oft werde ich eigentlich nicht angebellt. Aber was will man schon sagen in einer solchen Situation?

Entgegen der üblichen Wiener Gepflogenheit, Privatheit über Kommunikation zu stellen, versteht Herr Mops meine Höflichkeiten als Gesprächseinladung. Er lässt seinen Hund zu meiner Beunruhigung wieder los und fragt mich, ob ich gern hier im Park säße. Das fragt er mich einfach so. Auf ein solches Gespräch war ich nicht vorbereitet. Für ihn ist das bloße Geplauder, für mich eine tiefe, existenzialistische Frage. Ich wisse es nicht, sage ich erst. Dann merke ich, dass das keine Antwort ist, und erzähle ihm, bedroht vom knurrenden Mops, vom Bankieren und dass ich eigentlich am liebsten nur noch auf Bänken säße. Und ich versuche, ihm zu erklären, warum das so ist. Ich rede mich um Kopf und Kragen und höre mir selbst dabei zu, aber schaue ihn auch an dabei. Ich höre mir zu und schaue ihn an und merke, dass weder er noch ich wirklich begreifen, was ich da sage, und Herr Mops lächelt nun wie einer, der ein Unbehagen überspielt, einer, der nicht versteht, aber dem klar wird, dass er auch nicht verstehen will, und ich denke mir, es war eine einfache Frage, ich hätte sie einfach bejahen sollen, als Herr Mops zu meiner Überraschung nickt. Er nickt und sagt, dass er auch gern hier sei, und dann geht er zufrieden. Zusammen mit seinem Hund wackelt er zu seinem Mercedes. Und ich sitze wieder allein und frage mich: Was war denn das?

Ich möchte mich doch gar nicht erklären. Niemand soll sich erklären müssen, warum er gern auf einer Bank sitzt. Aber teilen ich möchte dieses Gefühl, teilen. Und ich weiß ja eigentlich, mit wem ich es teilen könnte. Nur finden müsste ich ihn. Ihn und seinen Hermelinmantel.

Die Sonne scheint, zwei Frauen unterhalten sich angeregt auf einer Bank sitzend. Sie haben von all dem nichts mitbekommen. Sie sitzen dort, um sich zu unterhalten. Der Speichel von Herrn Mops glitzert auf dem Asphalt. Ich notiere: Kein Bankieren ohne Begegnungen.

Kreuzung Wattgasse / Friedrich-Kaiser-Gasse, 8. August, 17:30 Uhr

graues Modell. Bank steht gemeinsam mit Zwillingsbank auf einem rot-orange bemalten Fußweg. Blick auf vielbefahrene Wattgasse. Auf einer kleinen Wiesenfläche vor und hinter den beiden Bänken vertrocknende Jungbäume. Außerdem: ein Mistkübel, ein Wasserhydrant und ein Stoppschild. Es riecht nach Bier aus der nahen Ottakringer-Brauerei. Aufenthalt: zwanzig Minuten. Auf der gegenüberliegenden Straßenseite verstecken sich einige auf die Straßenbahn wartenden Menschen vor der Hitze, indem sie ihre Körper gegen die verschmutzte, aber schattige Wand eines als »Flohmarkt« bezeichneten Geschäfts pressen. Keiner von ihnen nimmt die zwei Bänke wahr, diese einsam in der Sonne stehenden Bänke.

Bevor ich Menschen auf Bänken begegne, begegne ich stets ihren Blicken. Diese Blicke eröffnen oder verhindern die Möglichkeit eines Gesprächs. Sie sind ein Scharnier zwischen den Menschen. Da gibt es den streifenden Blick, der eigentlich nichts sieht, den es nur gibt, weil man die Augen nicht schließen möchte in der Öffentlichkeit. Man begegnet diesem Blick zur Mittagszeit, in den Pausen all jener, die sich ganz bewusst setzen, um zu entspannen. Es gibt den beobachtenden Blick, der etwas entdeckt hat und sich aus einer bequemen Position lustvoll dem Schauen hingibt. Auf diese Art des sitzenden Flanierens trifft man eher selten. Das liegt vielleicht daran, dass die Blickenden sich wohler fühlen, wenn sie in der Deckung sitzen und ungestört die Welt betrachten können. Oder es liegt daran, dass man immer selbst so blickt, wenn man diesen Blick sucht. Es gibt den suchenden Blick der Wartenden, die ständig hoffen, in den unzähligen Bewegungen die eine zu entdecken, die ihnen gilt. Diesen Blick findet man sowohl bei jenen, die nach dem Bus schauen, als auch bei den verliebten Mädchen und Jungs, die noch nicht wissen, ob sie versetzt wurden oder doch noch abgeholt werden. Prince hat einmal gesagt, dass die Liebe fahre wie ein Linienbus. Es gebe Dutzende Stationen, um auszusteigen, man könne den richtigen Bus so leicht verpassen und irgendwer müsse immer stehen, weil alle Sitze belegt seien. Es gibt noch mehr Blicke. Es gibt den nahen Blick auf Menschen, mit denen man zusammen auf den Bänken sitzt, oder der den Büchern, Mobiltelefonen, Wurstsemmeln und Tauben gilt. Bänke sind ein Ort der Fürsorge und

Pflege. Sie dienen als Operations- oder Wickeltische. Auf ihnen werden Kleinkinder gestillt und Pillen geschluckt.

Da fällt mir ein: Es gibt eine Aufnahme, die mich als Kleinkind zeigt. Ich liege auf einer Holzbank. Meine Mutter, die es liebte, auf Bänken zu sitzen und zu rauchen – ich kann sie förmlich vor mir sehen, wie sie auf einer sitzt, die Beine überschlagen, die Hand mit der Zigarette weit von sich haltend und lachend –, kniet neben mir. Ich weiß nicht, wer das Foto gemacht hat, es ist auch egal. Ich habe das Bild noch irgendwo. Ich zähle noch kein ganzes Jahr. Meine Beine sind gestreckt und krumm, meine Arme verschränke ich hinter dem Kopf. Die Augen kann man nicht richtig erkennen, was die aus meinem Gesicht strömende Ungewissheit nur verstärkt. Wer ist dieses Kind mit den riesigen Ohren und dem weiten Blick, das da auf einer Wolldecke liegt?

Interessant scheint mir, welche Position meine Mama auf der Fotografie einnimmt. Statt auf der Bank zu sitzen, hat sie sich daneben ins Gras gesetzt und mich von der Seite betrachtet. Ihre Position erinnert mich an jene, die Menschen einnehmen, wenn sie neben einem Sarg knien. Würde ich sie nicht ansehen, wäre ich bereits nur mehr Erinnerung. Dass es andersherum gekommen ist und ich eines Tages so neben ihrem regungslosen Körper, der mich keines Blickes würdigte, kniete, ist nur natürlich. Trotzdem erscheint mir diese Fotografie heute als ein Bild der Bank als Totenlade. Eine blumenumkränzte Wiege.

Savoyenstraße, 11. August, 10:15 Uhr

hellbraune Zweibank-Tisch-Garnitur am Straßenrand gegenüber dem Feuerwehrhaus am Eingang zu den Steinhofgründen neben einem Denkmal für Ferdinand Degen (Gründer der Freiwilligen Feuerwehr in Wien). Bank steht auf von Kieselsteinen übersäter Wiese. Tisch und Bänke bestehen jeweils aus einzelnen, breiten Brettern. Bänke sind an den vier Tischbeinen montiert und werden von zwei querverlaufenden Brettern verbunden. Jemand hat eine Plastiktüte unter ein Tischbein geklemmt. Sie flattert im auffrischenden Wind (Federwolkenhimmel), kann aber nicht wegfliegen. Eine halb gefüllte Colaflasche steht auf einem der Verbindungsbretter. Aufenthalt: dreieinhalb Stunden. Auf der gegenüberliegenden Straßenseite Glascontainer. Niemand besucht das Denkmal, aber Flaschen werden entsorgt. Stadtrandbank: Sehe mehr Pflanzen als Schilder.

Ich bin wieder im Auer-Welsbach-Park. Heute versuche ich, nur in der Sonne zu sitzen. Sobald eine der gelegentlich durchziehenden Wolken oder der Sonnenwinkel eine Bank im Schatten stehen lässt, wechsle ich den Sitzkörper. Das geht erstaunlich gut. Für jede Sonnenstunde gibt es die richtige Bank. Ich denke an die Milch, mit der ich meine Mutter einreiben musste, damit ihre Haut nicht im Sonnenlicht verbrannte. Diese flüssige Milch in meiner Handfläche und auf ihrem knochigen Rücken. Ich denke zu viel. Besser wäre es, in der Sonne zu sitzen und den im späten Nachmittagslicht lauter singenden Kohlmeisen zu lauschen. Sie hüpfen durchs Geäst, suchen sich auch gern den Zweig, der gerade in der Sonne hängt.

Auf den Wiesenflächen breiten die Menschen ihre Decken aus. Sie zerren ihre Verpflegung in den Schatten. Ich beobachte das und frage mich, ob das alles im Leben ist: sich zu entscheiden zwischen Schatten und Sonne, immer wieder, bis einem die Entscheidung abgenommen wird. Den Sitzbänken bleibt das erspart. Sie entscheiden nicht. Sie dienen. Sie wandern je nach Bedürfnis. Das heißt: Bänke werden zusammengestellt, zum Licht gedreht, in den Schatten gezogen oder hinter einem Busch versteckt. Manchmal verschwinden sie auch, wahrscheinlich in irgendeinem Erdloch, in dem sie all jenen als Rückzugsort dienen, die – wie meine Mutter beim Lesen – nicht gesehen werden wollen. Ohnedies scheinen Bänke eigentlich nur bei Trockenheit und noch mehr im Sonnenlicht da zu sein. Im Regen beachtet sie keiner. Regen ist der natürliche Feind des gewöhnlichen Banksitzenden. Das gilt nicht für einen Bankier wie mich. Die Nässe spült die Sitzplatzkonkurrenz von den Bänken. Nur im Regen bin ich wirklich allein mit den Bänken und kann sie in ihrer ganzen Gestalt begutachten. Ich bin eben doch ein Fisch, warte mit aufgeblasenen Backen auf Sommerregen, der selten kommt. Er kommt auch heute nicht. Wien kennt da kein Erbarmen. Auch der Hermelinsandler kommt hier nicht her. Er ist wie der Regen. Grau, selten, schön, und alle weichen ihm aus. Momentan ist es gut so. Ich möchte ohnehin noch mehr über das Bankieren verstehen, bevor ich auf ihn stoße.

Ich sitze also in der Sonne und notiere meine Gedanken über den Regen. Ich denke daran, wie ich einmal mit meiner Mutter in irgendeiner Stadt auf einer Bank gesessen habe und wir eine Regenjacke über unsere Köpfe hielten. Über uns prasselte es aufs Polyamid, während wir unten in einer dichten Höhle schweigend auf sich im Wasser auflösender Einkaufszettel starrten. Es war ein schöner Augenblick.

Selbstredend gibt es auch einige Bänke, die nie nass werden. Zum Beispiel am Urban-Loritz-Platz oder am Franz-Josefs-Bahnhof. Das sind die trockenen Bänke. Und dann gibt es in einigen großen Parks in Wien auch Bänke, die wie alte Hunde aneinander gekettet alle in die gleiche Richtung schauen. Sie winseln, das kann man hören. Und im Stadtpark umzäunen die Bänke regelrecht die Wiesen. Ich habe Kinder gesehen, die auf den Bänken entlanglaufen, um den Stadtpark zu durchqueren, und dabei kein einziges Mal den Boden berühren. Die Bänke stehen meist den Wegen, Straßen und dem Wasser zugeneigt. Selten wenden sie sich den hinter ihnen liegenden Bäumen und Wiesen zu, weshalb ich mich gern andersherum auf eine Bank setze, wie es sonst nur Kinder und Jugendliche tuen und all jene, die die Sonne lieber im Gesicht als im Nacken spüren. So entdecke ich auch, was die Stadt sonst vor mir verbirgt. In den Büschen sammelt sich das Weggeworfene, das, was ungebraucht oder ausgelutscht in der Erde versickert. Ich entdecke Müll in sämtlichen Aggregatzuständen. Ich sehe verschreckte Karnickel, verblutende Vögel, Fußbälle und gültige Flugtickets nach Madrid.

Weinzierlgasse, 25. August, 18:30 Uhr

nussbraunes Modell. Einbrettrige Lehne mit sichtbar aus dem Holz ragenden Schraubenmuttern und dreibrettrige Sitzfläche. Beine und Armlehnen grünes Gusseisen aus einem Teil, geschwungene Herzform unter der Armlehne. Bank steht unter imposantem Kastanienbaum vor privatem Wiesengrundstück. Gleich daneben zwei Glascontainer. Blick auf turmartiges Ziegelgebäude, in dessen Fassade eine Bronzeplastik – kniende, nackte Frau – von Ferdinand Opitz eingearbeitet ist. Aufenthalt: eineinhalb Stunden. Mann im Trainingsanzug schleicht mit zwei Bierdosen um die Bank herum. Bin mir sicher, dass er sich gern setzen würde.

Ich sitze auf einer Sitzbank beim großen Ententeich im Türkenschanzpark. Es ist ein heißer Tag. Ich denke über meine Beine nach. Das liegt daran, dass ich sie auf Bänken sitzend unentwegt sehe. Sie sind ganz zerstochen vom vielen Herumsitzen im Freien während der vergangenen Wochen. Ich sollte mich einsprühen. Ein Bankier sollte sich einsprühen und über die Haltung, die er auf einer Bank einnimmt, nachdenken. Ich notiere: Unterbein und Oberbein sollten auf Höhe des Knies einen rechten Winkel bilden. Der Oberleib möglichst aufrecht, das Brustbein nach vorne gestreckt – man muss auf den Rücken achten –, den Kopf nicht zu weit in den Nacken legen.

Die Bank, auf der ich sitze, steht, wie viele meiner bevorzugten Bänke, etwas abseits. Sie befindet sich hinter hohem Schilf, in dem die Enten ihren Nachwuchs vor den in den Mammutbäumen des Parks lauernden Reihern verstecken. Sonnenstrahlen erreichen diese Bank nie. Und wenn man auf ihr sitzt, sieht man auch die Enten nicht. Sie steht dort für jene, die nichts sehen wollen. Und für jene, die nicht gesehen werden wollen. Aber ich sitze auch aus einem anderen Grund auf ihr. Das druckvoll emporschießende Wasser der Teichfontäne regnet nämlich auf diese Bank. Ein im Sonnenlicht silberglänzender Sprühregen, wie damals, als mich meine Mutter während der Sommerferien in unserem Garten mit dem Wasserschlauch abspritzte. Ich liebte es, wenn sie den Strahl so ausrichtete, dass ich schnell, von einer Seite auf die andere, über ihn springen konnte. Sie saß auf der Terrasse, rauchte und spritze beiläufig, den Schlauch locker in einer Hand haltend, in meine Richtung. Der hörbare Druck des aus dem Schlauch schießenden Wassers klang genau wie der aus den himmelwärts gerichteten Ventilen der Fontäne, hinter der, wie ich bemerke, ein junges Mädchen, vielleicht zehn Jahre alt, einige Meter von der Bank entfernt in der Wiese hockt und hinter einem großen Buch hervorschaut. In ihrem Blick, der allem und niemand gilt, liegt ein seltsames Glück. Etwas Schwebendes. Dieses Mädchen schaut über die Kante ihres Buches durch die im sanften Wind sich betastenden Grashalme in ein ungewisses Farbenspiel, in dessen Zentrum ich im Sprühregen der Teichfontäne an meine Mutter denke. Auf den wenigen Metern zwischen diesem Mädchen und mir verwirbeln sich also die verschiedensten Zeitstränge: die Gegenwart des langsam auf und ab wippenden Brustkorbs des Mädchens; der wahrscheinlich in ihre Nase strömende Geruch von vor Jahren bedruckten Buchseiten; die unbestimmte Zukunft, von der das Buch, das sie liest, womöglich erzählt; die zyklischen Zeitabläufe des vor ihr wiegenden Grases; die auf den baldigen Tod zusteuernde Umtriebigkeit der zwischen den Halmen werkelnden Ameisen; das sich in elektronisch programmierten Sequenzen wiederholende Aufsteigen der Wassertürme der Fontäne; die verschiedenen Zeitwahrnehmungen der um den Teich gehenden Passanten; dieser junge oder alte Mann auf der Bank, der seiner eigenen Vergangenheit nachhängt; und die Bank selbst, auf der all diese Zeitebenen ankern dürfen, ohne bleiben zu müssen. Erst wenn man diese Zeitschichten gleichzeitig spürt, weiß man, dass es Zeit nicht gibt. Zumindest nicht so, wie man sich das vorstellt. Die Bänke lehren mich das. Sie sind im wahrsten Sinne zeitlos. Auf ihnen darf ich der von Menschen erfundenen Zeit entfliehen. Das kann süchtig machen, ist aber nur dann gefährlich, wenn man irgendwann zurückkehren möchte in die von Menschen befolgte Zeit. Das habe ich nicht vor. Ich fühle mich wohl zwischen den Zeiten.

Uhlplatz, 26. August, 16:15 Uhr

mageres hellbraunes Modell mit schwarzen Armlehnen und Beinen. Lehne einbrettrig, Sitzfläche fünfbrettrig. Bank steht mit einigen Zwillingen zwischen großen, wahrscheinlich nur im Sommer hier aufgestellten Topfpflanzen. Blick auf die Pfarre Breitenfeld. Der nahe Gürtel erzeugt lautes, ungleichmäßiges Rauschen. Viele Tauben, sie gehen wie Fußgänger im Schatten. Gleich neben der Bank ein Restaurant. Lese am Abend, dass es hier ein Zwangsarbeiterlager gab. Eine Frau trocknet schwarze Tücher auf dem warmen Asphalt. Aufenthalt: zwei Stunden. Die äußersten Bretter der Sitzfläche sind leicht erhöht, sodass sich die Bank wölbt und in ihrer Kokonform zum Verweilen einlädt.

Ein weiterer sonniger Nachmittag. Ich sitze auf einer Bank im Hugo-Wolf-Park in Döbling. Kindergeschrei dringt aus dem zwischen südländisch wirkenden Koniferen liegenden Freibad. Es ist ein beschauliches Freibad aus einer anderen Zeit. Es gibt Umkleidehäuschen mit Holztüren. Das kleine Becken reicht fürs Glück. Die Mütter sind entspannt, hier geht niemand verloren. Braune Nadeln bedecken den sandigen Boden. Sie fallen auch ins Wasser, aber die Kinder stört das nicht. Die Nadeln fallen in den Tag hinein ... hier sitzend kommt es mir vor, als wäre ich weit weg. Wien ist weit weg, obwohl ich die Straßenbahn bimmeln höre. Ich schließe die Augen. Ich muss das noch lernen: die Augen schließen auf einer Bank, der Bank vertrauen. Es riecht nach Harz ...

Ich schaue auf und traue meinen Augen nicht. Da sitzt Thomas Bernhard. Er ist es, Thomas Bernhard, der Schriftsteller. Auf einer Bank, nur einige Meter von der, auf der ich sitze. Ich weiß, ich weiß, das kann nicht sein. Der Mann lebt doch gar nicht mehr. Er kann es nicht sein. An meinem Geburtstag ist er gestorben, das habe ich mal gelesen. Aber da sitzt er. Seine weißen Schläfen im schütteren Haar, seine funkelnden Augen, die Schrumpelnase, die spitz abknickenden Augenbrauen. Thomas Bernhard! Niemand sonst. Ich schaue ihn an und bin mir sicher, dass er es ist. Er trägt eine Latzhose, einen mit herabgefallenen Nadeln bedeckten Hut und schaut griesgrämig in den wolkenlosen Himmel. Der gute Mann ist mit großer Sicherheit aus Fleisch und Blut, denke ich, wenn auch – mit seiner ein wenig ungesunden blaugelben Gesichtsfarbe – etwas kränklich.

Dass die Toten in Wien länger leben, ist wissenschaftlich belegt. Man kann es nachlesen. Prince hat schon öfter mit Falco Tennis gespielt. Zumindest hat er das gesagt. Das sei ganz normal und kein Grund zur Aufregung. Ich kann mit solchen Geschichten viel anfangen. Nicht umsonst schreibe ich all das auch auf, schließlich glaube ich, dass meine Mutter es lesen kann. Dass ich diesen berühmten Mann, dessen Bücher meine Mutter geliebt hat, nun just auf einer Sitzbank erblicke, ist vielleicht also gar nicht ungewöhnlich, und irgendwie erscheint es mir auch nicht sonderlich unlogisch, da es unzählige Aufnahmen von ihm auf Parkbänken gibt, schimpfend und erzählend, sich immer mit dieser leidenden Entspannung zurücklehnend, mit der Sitzende gerne vermitteln, dass sie zwar genießen, es ihnen aber eigentlich und im Leben generell nicht gut gehe. Aber kann es trotzdem wirklich sein? Es muss eine Erklärung geben. Soll ich zu ihm gehen und ein Gespräch beginnen? Ich zögere ein wenig. Wahrscheinlich wäre es besser, ihn in Ruhe zu lassen. Was soll ich ihm denn sagen? Könnte ich ihm vom Bankieren erzählen? Das wäre was: Herr Bernhard, sind Sie auch ein leidenschaftlicher Bankier? Was ist ihre liebste Bank? Ich will es zumindest versuchen. Also stehe ich auf, nähere und räuspere mich und murmle vor ihm stehend irgendwas über Herrn Bernhard, die Freude, ihn hier zu sehen, und die Bücher, die meine Mutter so mochte. Er bewegt sich gar nicht. Ich glaube, er hat mich nicht gehört oder er ignoriert mich. Oder er ist nicht da, obwohl er da ist. Dieser Mann, der Thomas Bernhard ist, starrt weiter einfach in den Himmel. Kurz glaube ich, dass sich jemand einen selbst für Wien zu morbiden Scherz erlaubt und den erstaunlich gut erhaltenen Leichnam des Schriftstellers hier mitten am Tag in einen Park gesetzt hat. Aber dann rührt er sich doch und blickt mir mit einem Mal scharf und spöttisch in die Augen. Er bewegt die Lippen und spricht. Er spricht, aber was ist denn das? Das ist ja nicht zu fassen. Statt seiner eher trotzig hervortretenden und ganz bestimmt Salzburgerisch gefärbten Sprache dringt ein geradezu einschüchterndes Schwäbisch aus den tiefsten Tiefen Baden-Württembergs an meine Ohren. Ich brauche einige Momente, um überhaupt zu verstehen, was der Mann mir mitteilt, und merke: Wenigstens decken sich die Aussagen des Mannes inhaltlich mit meinen Erwartungen. Ich solle mich verziehen, sagt er. Perplex frage ich ihn, ob er denn nicht Thomas Bernhard sei. Er sei nicht Thomas Bernhard, und ich möge ihn nun doch bitte in Ruhe lassen. Er kenne diesen Bernhard nicht einmal, sagt der Mann. Er sagt das und wendet sich ab.

Enttäuscht trotte ich zurück zu meiner Bank, schaue verstohlen noch ein paarmal zu ihm rüber. Ist es nicht so, dass Thomas Bernhard, würde er noch auf Parkbänken sitzen, kaum zugeben würde, dass dem so sei? Und wäre ein schwäbischer Dialekt nicht die perfekte Tarnung für einen, der sich nicht verkleiden will? Denn: Zwei Bänke können praktisch gleich aussehen, aber Menschen?

Sonnenallee, 31. August, 7:25 Uhr

Betonklotz mit zweibrettriger Holzlehne und dünner Armlehne (Arm rutscht ab, wenn man ihn auflegen will). Keine Beine. Zögere, das eine Bank zu nennen. Blick auf Straße und verglaste Fensterfront eines Kunstlabors, in dem sich die rötliche Morgensonne spiegelt. Keine Lebensspuren auf dem Gesims, alles glatt und spiegelnd. »Bank« steht zwischen zwei neu gepflanzten Jungbäumen. Ein paar Schritte weiter ein kleines Spielareal für Kinder mit vorgezeichneten Spielfeldern auf dem Asphalt (Himmel, Hölle und dergleichen). Aufenthalt: dreißig Minuten. Junge Frau mit Krücken setzt sich für einen Moment zu mir. Braucht eine Pause. Schaue sie verstohlen an. Morgenschwüle in den Asphaltschluchten.

Ich sitze am Schmerlingplatz. Vor mir thront das von Johann Scherpe entworfene Denkmal für Ludwig Anzengruber. Beim Bankieren begegnet man vielen Denkmälern. Die Statue des Schriftstellers steht auf einem Felsen, in dessen Schatten eine weitere Figur sitzt. Das ist der stets an das Besserwerdende glaubende Steinklopferhannes, den sich Anzengruber ausgedacht hat. Der Dichter muss stehen, seine Figur darf sitzen. Er sieht trotzdem würdevoll aus, da oben auf seinem Felsen. Ich hoffe, er sitzt nicht plötzlich neben mir auf der Bank. Ein wiederkehrender Schriftsteller reicht im Monat. Ich habe Prince noch gar nicht von meiner Begegnung mit Thomas Bernhard erzählt. Er verbringt Zeit mit seiner neuen Freundin Caro, und ich verbringe Zeit mit Bänken. Früher haben wir uns öfter gesehen. So ist das. Man verliert sich aus den Augen, da kann man nichts machen.

Ich kaue auf einem Stück Brot. Nicht vergessen zu essen beim Bankieren! Es ist wieder ein geschäftiger Tag. Kaum wer rastet auf den Schattenbänken, obwohl es unerträglich heiß ist. Seit ich auf Bänken sitze, fällt mir das allgemeine Treiben, das ziellose Kommen und Gehen der Masse umso stärker auf. Niemand scheint je anzukommen, alle und alles befinden sich auf einer ewigen Durchreise. Auf jeden Menschen, der auf einer Bank Platz nimmt, kommen Tausende, die nur vorübergehen. Ein Fischschwarm, ja! Glucks, Glucks, Glucks! Niemand kann sich der Strömung entziehen. Panik regiert. Kein Einziger blickt so zuversichtlich nach vorne wie der Steinklopferhannes in der Phantasie Anzengrubers. Die überall wahrnehmbaren Symptome dieses Geradeauslebens sind das Hupen und Tosen, das Schreien und Krachen. Die Bänke treiben wie Bojen in diesem Fluss, den man Alltag nennt. Was jedoch nicht bedeutet, dass alle, die sich auf Bänke setzen, ruhen, wie man zwischen Justizgebäuden, politischen Ämtern und dem Parlament gut beobachten kann. Dort setzen sich die unruhig Wippenden, die Anzugtragenden, die in ihre Handys Brüllenden. Und selbst sie werden von den Bänken erduldet.

Zwei Frauen und ein Mann sitzen im Halbschatten. Sie rauchen, reden, verschlingen Sandwiches, alles gleichzeitig. Sie beachten weder die Bänke noch mich. Ich sehe gar nicht so anders aus wie sie. Klar, ich trage keinen Anzug, sondern kurze Hose und T-Shirt. Beim Bankieren ist bequeme Kleidung eben zuträglich, auch wenn man sich nicht gehen lassen sollte. Der Hermelinsandler ist dafür ja wohl der beste Beweis. Wenn ich nicht so viel Zeit auf Bänken verbringen würde, könnte ich durchaus so werden wie sie. Vielleicht hat sich das meine Mutter ja vorgestellt für mich. Ich weiß es nicht. Wir haben nicht darüber gesprochen, wir haben generell nicht so viel gesprochen, haben uns am besten verstanden, wenn wir nicht gesprochen haben. Wenn wir einfach nur nebeneinander gesessen sind und die Luft angeschaut haben. Und manchmal, da haben wir uns auch umarmt. Selten war das, und nun kommt es gar nicht mehr vor. Denn es ist doch so: Jemand ist nicht mehr da, und man muss das akzeptieren. Das ist unumstößlicher als alles andere. Jedenfalls war sie immer zufrieden, wenn ich gute Noten hatte. Sie wollte bestimmt, dass ich irgendwann da sitze mit einem Anzug. Und irgendwie habe ich das ja selbst gewollt, zumindest bis ich den Hermelinkönig gesehen habe.

So wie ich beschäftigen sich auch die drei Anzutragenden mit Abwesenden. Sie ziehen über einen her, der nicht da ist, und lachen laut, viel lauter, als der Mops von Herrn Mops bellte. Ihr Lachen ekelt mich an. Wer Bänke nicht beachtet, kann kein guter Mensch sein. Ihre ganze Körperlichkeit richtet sich nach außen. Ihr lautes Lachen nimmt keine Rücksicht auf die mögliche Stille des Parks. Ihr Handgefuchtel vertreibt die letzten Insekten aus der Stadt. Wir sind die Menschen, die hier regieren, sagen sie mit jeder Geste. Das ist wahrlich genau das, was ich vermeiden will.

Es ist jetzt schon zwei Monate her, dass mir der Hermelinsandler begegnete. Ich sollte mal wieder in die Porzellangasse.

Die Lampenschirme

Erlaaer Straße, 14. September, 14:10 Uhr

Bank in der Wiese vor dem Eingang zum Erlaaer Friedhof. Extrem breite, einbrettrige Sitzfläche und deutlich schmalere Lehne, ebenfalls einbrettrig. Armlehnen als geschwungene, einteilige Guseisenbogen, im Boden verankert. Unsauber geteerter Asphaltweg führt zum verschlossenen Friedhofstor. Bank steht versetzt zum Weg in Wiese. Man blickt in grünes Gepflanz. Geraschel. Glaube, ein Eichhörnchen zu sehen, aber es ist nur eine Amsel. Umliegende Bäume werfen Schatten, höre einen Specht klopfen. Aufenthalt: drei Stunden. Keine weitere Bank zu sehen. Ich vermute: Bank dient den Toten, die auf Einlass in Friedhof warten.

Ich blicke auf. Da stehen nach wie vor die Lampenschirme im Schaufenster. Alte Glühbirnen, umrahmt von schlichten, farblosen Schirmgestellen, baumeln zur Beleuchtung der Stoffe und Plastiken von der Decke. Sie betonen die Zartheit der rundlichen Schirmformen. Die Anordnung der krempengleichen Lichtfänger ist so perfekt, dass ich deren Stofflichkeit zu greifen glaube. Ich stelle mir vor, wie es wäre, sie in den Händen zu halten. Ich stelle mir vor, sie zu tragen und über Lichter zu stülpen. Sie versprechen Geborgenheit. Ihre drallen Formen entsprechen jenen von sich um zerbrechliche Körper schließenden Armen. Ich sitze auf jener von der Straße abgewandten Bank. Der Sandlerkönig ist nicht hier. Ich warte. Das werde ich tun. Ich werde einfach sitzen bleiben, bis er auftaucht, und wenn er nicht auftaucht, dann gehe ich ins Lampenschirmgeschäft und frage, ob ihn wer gesehen hat. Er muss dem adrett gekleideten Mann, den ich vor einiger Zeit im Schaufenster gesehen habe, aufgefallen sein. Ein Sandler im Hermelinmantel fällt auf.

Ich bin müde. Die frische Luft macht das. Der Sommer endet nicht. Die Geschäftigkeit auch nicht. Ich kämpfe ein wenig gegen das Einschlafen. Der Rücken war auch schon besser. Aber so ist das. Ich könnte schlafen. Allerdings bemerke ich eine natürliche Deckung an mir, ich möchte nicht so wirken, als wäre ich ein Trunkenbold oder Obdachloser, der auf Bänken schläft. Das wäre nicht das, was ich unter dem Bankieren verstehe. Ich will gut aussehen, wenn ich sitze. Ich will wach sein, ganz gegenwärtig der Welt entrinnen. Also sitze ich die ganze Nacht und schlafe nicht. Ich traue mich nicht. Ich beobachte das, was in der Nacht geschieht: Die Geschäftigkeit ebbt langsam ab, dann wird es still. Die letzten Straßenbahnen fahren in ihre Hallen am Rand des Schienennetzes. Ein bisschen Nebel steigt auf, feuchte Schwaden vom nahen Donaukanal. Immer weniger Gestalten passieren die Bank. Je später es wird, desto mehr Blicke werden mir zugeworfen. Sie schauen, wie ich da so sitze, aufrecht und konzentriert in der Nacht. Niemand spricht mich an. Und der Hermelinkönig kommt nicht. Die Lampenschirme sind nun in Dunkelheit gehüllt. Das Dunkel legt sich selbst über die Körper, die sich über das Licht legen. Ich habe gesehen, wie der Besitzer, es muss der Besitzer sein, so sorgsam, wie er sich neulich um seine Lampenschirme im Schaufenster gekümmert hat, am Abend abgesperrt hat. Sobald er wieder aufsperrt, werde ich ihn ansprechen. Ich sehe ein schlangenförmiges Rattenrudel, das über den Bordstein wuselt. Es wird noch stiller. Von den Bänken aus hört man, dass es nie ganz still wird. Man nimmt alles deutlich wahr. Auf Bänken sitzend, erfühle ich die kleinsten Schwankungen der Temperatur, ich werde zum Windertaster, Regenriecher und erkenne Wolken, bevor sie entstehen. In dieser Nacht sehe ich, wie der dunkle Himmel sich minütlich von einer Blaustufe zur nächsten verfärbt. Das sich verabschiedende Licht verschwindet nie ganz. Es bleibt ein Fast-Nichts, eine schwache Zeichnung des vergangenen und kommenden Tages. Das Licht bleibt, ganz so wie eine, die geht, aber weiß, dass sie zurückkehren wird. Sie lässt ihre Sachen da, und alles riecht noch nach ihr, und ehe man sie vermisst, kündigt sich, mit einem fernen Schimmer, ihre Rückkehr an. Während einiger Minuten wird alles durchsichtig am Himmel. Man sieht dann durch einen obskuren Schleier und erkennt ... nichts. Einige Eiswolken verdampfen in höheren Lagen. Ich spüre, dass mich wer beobachtet. Nicht von dort oben. Von unten. Unter den geparkten Autos bewegt sich etwas. Augen, die ich nicht zuordnen kann. Vielleicht ist es eine Katze, wobei die selten frei herumlaufen in Wien. Ich stehe kurz auf, lege mich seitlich auf den abgekühlten Asphalt und schaue unter die Autos. Ich sehe nichts. Da war aber etwas. Das Tier muss mir entwischt sein. So vergeht die Nacht. Es geschieht nicht viel, aber alles zählt. Jemand pfeift auf seinem Heimweg kurz vor dem Morgenrot. Ich kenne die Melodie. Dann wird es langsam Tag. Die Straßenbahnen kehren zurück. Schrilles Gebimmel. Manche Fenster öffnen sich. Ich sehe müde Gesichter auf die Straße blicken. Bevor der Lärm wieder seinen täglichen Pegel erreicht, höre ich noch die Spatzen und einige Möwen auf den Dächern. Dann wird das alles verschluckt von einer sich übereinanderstapelnden Gleichzeitigkeit. Alle tun so, als wäre nichts geschehen. Sie handeln, als hätte es keine Nacht gegeben, als wären sie und dieser Lärm nicht verschwunden gewesen für einige Stunden. Nur die Bank hat sich nicht verstellt in der Nacht, und auf ihr sitzend, bin auch ich der Gleiche geblieben. Wir beide teilen das Geheimnis der vergangenen Nacht. Als alle schliefen, haben wir über die Stadt gewacht.

Nach einiger Zeit kommt der Besitzer des Lampenschirmgeschäfts. Er sperrt auf und schaltet die von der Decke baumelnden Lichter in seinem Schaufenster an. Ich warte kurz, dann gehe ich ins Geschäft. Es kostet mich ein bisschen Überwindung. Ich spreche wenig in letzter Zeit. Bevor ich in dem für ein Lampenschirmgeschäft erstaunlich düsteren Raum etwas sehen oder sagen kann, dringt etwas in meine Nasenlöcher, das ich zu kennen glaube: süßlicher Mottengeruch! Der Ruch des Königs Hermelin. Vielleicht bilde ich mir das nur ein. Die Nacht war schließlich lang. Wobei das nicht stimmt. Sie war nicht länger als sonst. Ich habe nur nicht geschlafen.

Ich höre den Besitzer in einem Hinterzimmer. Es raschelt, und er stöhnt leise auf. Wahrscheinlich verräumt er etwas. Während ich auf ihn warte, schaue ich mich um. Zahlreiche dicke Teppiche bedecken den Fußboden. Auf kleinen Holztischen und Barhockern stehen Lampenschirme mit Preisschildern. Manche dieser Schilder sind vergilbt. Staubschichten bedecken die Möbel. Die Lampenschirme müssen schon lange so stehen. Der Raum gleicht mehr einem Museum als einem Geschäft. Ein Museum des abgeschwächten Lichts. Da tritt der Mann hervor. Er ist wieder äußerst fein gekleidet. Sogar ein Einstecktuch ziert sein Jackett. Als er mich sieht, setzt er eine dicke Brille auf. Er begrüßt mich mit die Brillengläser durchdringendem, wachem, zugewandtem Blick, bittet um Verzeihung. Er habe nach etwas gesucht, aber nicht gefunden. Das alles wäre in seinem Alter nicht mehr ganz so leicht. Womit er mir dienen könne, fragt er. Alles an ihm scheint einer vergangenen Zeit entwachsen zu sein. Seine Höflichkeit ist bestimmt. Sie hat nichts gemein mit der müde lächelnden, betont beiläufigen Freundlichkeit, die einem heute oft in Geschäften entgegentritt. Sein Gebaren ist reine Form, ohne Anspruch auf Glaubwürdigkeit. Diese Form ermöglicht ein Zusammenleben ohne Enttäuschung. Man erwartet nichts vom Gegenüber, außer dass es sich ebenfalls an diese Form hält. Seine Person verschwindet hinter dieser Form. In ihm lebt das alte Wien.

Er spricht mit kaum merklichem osteuropäischem Akzent. Ich stelle mir vor, dass er einmal aus der Bukowina hergezogen ist. Oder aus Ungarn. Oder aus Fiume. Mehr getrieben als gezogen, aber stolz und mit einer Idee von Kultiviertheit. Wie überall sind es auch in Wien diejenigen, die nicht aus Wien stammen, die das Wesen der Stadt am besten begreifen. Ich sage ihm, dass ich eine vielleicht ungewöhnliche Frage habe: Ob ihm schon einmal ein Mann in einer Königsrobe aufgefallen sei auf der Bank vor seinem Geschäft. Selbstverständlich, selbstverständlich, entgegnet er. Er runzelt die Stirn und sagt, dass er ihn länger nicht gesehen habe. Daraufhin sprechen wir ein wenig über den Hermelinsandler. Viel weiß der Mann vor mir nicht. Es säßen und schliefen immer wieder Clochards auf der Bank vor seinem Laden. Das sei nicht gut fürs Geschäft. Gar nicht gut. Aber er könne nichts machen. Die Bank gehöre ihm nicht. Er wundere sich allerdings über den Mantel. Er sagt, dass er etwas von Hermelinfell verstehe. Ein Onkel habe früher in Muchtuja Hermeline geschossen und dann selbst zu Pelzen verarbeitet. Ein

Kürschner der alten Schule. Eigentlich ein Pelzjäger. Das sei ein schönes gelbliches Fell gewesen. In den Sommermonaten habe er beim Gerben helfen dürfen. Der Onkel habe alles verarbeitet. Robben, Füchse, Murmeltiere. Aber nur die Wiesel und Hermeline habe er selbst geschossen, das habe der Onkel von dessen Vater gelernt. Alle Vorfahren seines Onkels seien Pelzjäger gewesen. Einmal habe er mitgedurft nach Leningrad, wo sein Onkel bei einer großen Auktion Pelze versteigert habe. Ein lieber Onkel sei das gewesen. Er schaut zur Decke, als wäre dort sein Onkel, dann wieder zu mir. Der Onkel habe dreimal geheiratet und jede Braut habe einen schönen Pelz getragen bei der Hochzeit. In der Familie habe man gescherzt, er würde nur heiraten, um seine alten Pelze loszuwerden. Man könne sich das gar nicht mehr vorstellen heute. So eine Auktion wie in Leningrad. Hunderttausend Pelze und noch mal so viele andere Rauchwaren seien da verkauft worden bei den Sowjets. Alle ausgebreitet und an den Wänden einer Fischhalle zu einem silbrig schimmernden Stoffmeer ausgebreitet. Ein Trubel sei das gewesen, damals in den Achtzigerjahren. Er verstehe also etwas von diesen Pelzen und der, den dieser Sandler trage, sei ganz exquisit. Er sehe aus wie ein Beresowsker, wie reinste Seide, und könnte also mit mindestens hundert Hermelinschwänzen bestückt sein. Das gebe es sonst nur bei Königinnen. So ein schönes, reines Weiß, sagt der Besitzer des Lampenschirmgeschäfts. Am Kragen sei der Mantel des Sandlers getupft, er wisse nicht, ob mir das aufgefallen sei. Er glaube, es handle sich um Karakul, aber er könne es nicht genau sagen. Er habe den Mann bislang nur aus dem Fenster gesehen. Ich verstehe nicht alles, was mir erzählt wird, aber lausche fasziniert. Da zeigt mir der Mann mit verschwörerischen Gesten einen kleinen Lampenschirm aus Hermelinfell. Das dürfe er eigentlich gar nicht verkaufen, zwinkert er mir zu. Ein Pelzkonfektionär aus Budapest habe ihm den mal verkauft. Bei Mokka mit Kognak. Das trinke heute ja keiner mehr. Dabei sei es das beste Getränk. Pfuiteufel, denke ich. Er hält kurz inne, als würde er den Kognak auf der Zunge schmecken. Beste Ware, ganz ausgezeichnet, sagt er und streichelt den Lampenschirm. Die Akazienblüte auf dem Schirm sei mit der Hand aufgemalt. Frühe Zwanzigerjahre wahrscheinlich. Er gibt mir den Lampenschirm in die Hand, und ich berühre den weichen Stoff. Fast bekomme ich Gänsehaut, so weich ist das. Sehr schön, sehr schön, sagt er. Er müsse jetzt noch mal schauen, ob sich der Lampenschirm, den er suche, nicht doch finden lasse. Er wirkt etwas angestrengt, ein dünner Schweißfilm bildet sich auf seiner Stirn. Ich bedanke mich und mache mich auf zur Ladentür. Am Ende verspricht er, die Augen offen zu halten. Ich solle in ein paar Tagen wiederkommen. Er werde mir sagen, ob der Sandler wieder aufgetaucht sei.

Hanschweg, 28. September, 16:45 Uhr

hellbraunes Modell. Zweibrettrige Sitzfläche, einbrettrige Lehne. Vergleichsweise dünne, röhrenförmige Metallstange dient als Armlehne und Beine. Bank am Waldrand neben Straßenschild und einer Telefonzelle. Blick auf Parkplatz. Unkraut klettert an Bank hoch, aber man kann noch sitzen. Einige Schritte weiter führt kleiner Pfad in den Wald. Bank dient wahrscheinlich jenen, die nach einer Wanderung rasten, bevor sie sich ins Auto setzen. Hier haben viele Menschen ihre Schnürsenkel gebunden. Man sieht ihre Schuhabdrücke auf dem Holz. Aufenthalt: fünf Stunden. Einige Kleinfamilien (Kinderwagen holpern auf dem unebenen Untergrund), Jogger, Mountainbiker und zwei puffende Motorräder passieren mich. Mann fragt nach dem Weg. Ich kann ihm nicht helfen.

Ich sitze auf einer Bank im Marie-Schuller-Park in Floridsdorf und spreche mit einer Frau namens Manuela. Es ist schon ziemlich spät. Nur ein paar Gestalten kauern noch im Park. Seit ich die Nacht in der Porzellangasse verbracht habe, sitze ich öfter lange draußen. Manuela trägt einen Trainingsanzug und ihre Lippen sind zusammengepresst, wenn sie nicht spricht. Kleine Falten wachsen aus ihren Lippen wie Stacheln an einem Igel. Sie hat lange schwarze Haare und sehr viel blauen Lidschatten aufgetragen. Ich schätze, sie ist sechzig Jahre alt, befürchte aber, sie ist jünger. Manuela hat melancholische Augen, die ins Nichts starren. Ich betrachte sie im Laternenlicht. Sie verbringe ihre Zeit zwischen diesem Park, Fast-Food-Restaurants und der Kinemathek, erzählt sie. Sie dürfe dort umsonst Filme schauen, und das mache sie jeden Abend. Seit zehn Jahren. Zu Hause halte sie es nicht aus, ihr Mann sei ein Säufer. Sie saufe auch, aber nicht so schlimm wie er. Man könne saufen oder saufen, meint sie. Sie lacht ein Zahnlückenlachen, und ihre Stimme krächzt wie eine alte Tür. Sie möge diese Orte, die überall auf der Welt gleich seien. Fast-Food-Restaurants, Kinos ... und Bänke, ergänze ich. Sie nickt. Oft sitze sie bis tief in die Nacht am Fenster eines McDonalds-Restaurants, obwohl sie noch nie etwas gegessen habe dort. Ich bin mir nicht sicher, ob ich noch mehr von ihr erfahren möchte, fühle mich jedoch sehr wohl bei Manuela. Also bleibe ich ein wenig neben ihr sitzen. Bei ihr finde ich eine ähnliche Ruhe wie beim Hermelinkönig, wenn diese auch von einer großen Traurigkeit beseelt ist. Manuela raucht eine Zigarette. Ich habe überlegt, ob ich auch mit dem Rauchen beginnen soll. Es bietet sich an, wenn man viel auf Parkbänken sitzt.

Manuela lässt lange Pausen zwischen ihren Sätzen. Das gefällt mir. Das verlangsamt die Zeit. Ihre umfassende Kenntnis der Filmgeschichte sei völlig nutzlos, sagt sie mir. Sie habe alles gesehen, was man sich vorstellen könne, vieles sogar mehrfach, aber dieses Wissen sei so flüchtig wie die Filme selbst, weil jedes Mal, wenn ein neuer Film beginne, alles, was zuvor geschehen sei oder danach, unwirklich werde. Niemand denke an Frank Borzage, sagt sie immer wieder. Ich kenne den Mann nicht. Es scheint sich um einen Filmemacher zu handeln. Niemand wisse, was es bedeute, wenn jemand lächle bei Borzage. Die Gesichter bei Borzage seien gefilmt worden und würden jetzt auf irgendwelchen vergessenen Zelluloidstreifen in Kellern verrotten. Ein Lächeln bedeute nichts, wenn es nicht immer wieder komme, sagt sie. Ich frage sie, ob nicht gerade das der Sinn und Zweck des Filmmaterials sei, die Möglichkeit, die Vergangenheit wieder und wieder zu erleben. Sie schüttelt den Kopf. Es gebe, sagt sie, überhaupt keine Vergangenheit. Nicht im Kino oder sonst wo. Das, was Erinnerung sein könne, werde beständig übermalt. Der Film habe die Erinnerung abgeschafft. Die Leute gingen ins Kino, um zu vergessen, an was sie sich erinnern würden. Sie sei immer enttäuscht, wenn sie einen Film zum wiederholten Mal betrachte. Enttäuscht darüber, dass der Film nicht ihrer Erinnerung entspreche. Dann schweigt sie, und ich schweige mit ihr. So sitzen wir noch eine ganze Weile. Als ich bereits gegangen bin, denke ich darüber nach, dass ich sie wahrscheinlich nie wieder sehen werde, und über das, was Manuela gesagt hat: Ja, die Gegenwart ist lauter als die anderen Zeiten. So ist das im Leben. So ist das eben, aber ich habe mir vorgenommen, nicht zu jammern, bloß nicht zu jammern ... dafür kenne ich sogar einen Trick. Er ist ganz einfach. Man schließt die Augen und stellt sich vor, wo ganz anders zu sein. Man stellt es sich vor, so gut man kann, achtet auf jedes Detail. Dann verdoppelt man sich. Man ist hier und dort, dort und hier. Schon als Kind habe ich mir diesen Trick angeeignet. Da ich auf Reisen in fremden Betten oft nur schwer einschlafen konnte, stellte ich mir mit geschlossenen Augen einfach vor, dass ich in meinem eigenen Bett liegen würde, während mir meine Mutter, so wie ich es mochte, die Hand auf die Stirn legte. Im Halbschlaf überkam mich ein angenehmer Schwindel, der mich alsbald einnicken ließ. Aber das ist wieder die Vergangenheit, die es nicht gibt.

Innenhof der Universität, 4. Oktober, 16:20 Uhr

dunkelbraunes, fast graues Modell. Dreibrettrige Sitzfläche, zweibrettrige Lehne. Jedes Brett exakt gleich breit. Alles von schwarzem Metall gestützt. Ein angenehmer, milder Herbstwind weht durch die Arkaden. Bank steht auf Fliesenmosaik. Vor mir Gesichter wissenschaftlicher Koryphäen in die Wand gemeißelt. Ich höre Studenten murmeln, die Arkaden verschlucken die Sprache. Aufenthalt: zwanzig Minuten. Darf man hier sitzen, wenn man nur halbherzig studiert?

Eben bin ich aufgewacht. Ich sitze auf einer Bank im Augarten. Ich habe sitzend geschlafen. Wie ein Vogel. Es ist das erste Mal, dass ich auf einer Bank geschlafen habe. Wahrscheinlich waren es nur wenige Minuten. Ich habe noch das sich gegen den Herbst stemmende Rauschen des Sommers in den rotlaubigen Bäumen gehört, und schon war es passiert. Ich muss zurücknehmen, was ich über das Schlafen auf Bänken dachte. Das kommt vor. Ich hatte befürchtet, dass ich auf Bänken schlafend die Welt verpasse. In Wahrheit aber ist der Schlaf vollendete Gegenwärtigkeit. Nichts lenkt mich von ihm ab. Außer das Aufwachen, könnte man bemerken. Aber das ist mir zu spitzfindig. Ich schlafe und sonst nichts. Wenn ich aufwache, spüre ich die Bank unter meinem Körper und weiß, dass ich noch da bin.

glattgeschliffenes bastgelbes Holz. Sitzfläche fünfbrettrig, Lehne vierbrettrig. Bank steht parallel zur steilen Straße, sodass man die Straßenbahn sehen kann, bevor sie den Hang heraufgefahren kommt. Im Rücken der Bank ein mit weißem Kies aufgeschüttetes Beet, in dem kärglicher Baum von einem Gerüst gestützt wird. Kein Blatt mehr an den dünnen Ästen. Sehe nicht viel, die tiefstehende Morgensonne blendet. Vor der Bank vier Müllcontainer, zur Abholung bereit. Es stinkt. Wann immer Straßenbahn hält, passieren Menschen die Bank, viele sind unschlüssig, in welche Richtung sie gehen sollen. Aufenthalt: fünfundvierzig Minuten. Blicke auf an Seitenflügel des Straßenbahnwartehäuschens angebrachtes Plakat. Da steht: Ein Hoch auf die Tiefen.

Ich sitze vor dem Lampenschirmgeschäft. An der verschlossenen Tür hängt ein handgeschriebener Zettel: Wegen Krankheit auf unbestimmte Zeit geschlossen. Ich mache mir etwas Sorgen. Der Mann war sehr zuvorkommend, ich hoffe, es geht ihm gut. Ich kenne nicht mal seinen Namen. Das geht mir oft so. Ich spreche mit Namenlosen. Wenn er nicht hier ist, kann er mir außerdem nicht dabei helfen, den Hermelinkönig zu finden. Noch so ein Namenloser, der Hermelinkönig. Ich muss das also anders angehen, anders ansitzen. Aber wie? Immerhin kommt gleich Prince. Wir haben uns hier verabredet. Ich habe ihn lange nicht gesehen. In der Uni laufen wir uns nur selten über den Weg. Das liegt an Prince. Aber es liegt immer mehr auch an mir.

Ich warte auf ihn. Er ist zu spät. Meine Finger gleiten über die Einkerbungen in der Bank. Ich ertaste Wetter- und Zündholzspuren, im Holz versunkene Kaugummis und Klebereste verschütteter Flüssigkeiten. Ich frage mich, ob sich Bänke an die erinnern, die auf ihnen gesessen sind. Immerhin wird auf Bänke geschrieben, ins Holz geritzt. Das hat auch mit Erinnerung zu tun. Vielleicht auch nicht, vielleicht ist es nur Zeitvertreib. Menschen schreiben auf Bänke, so wie ich in mein Notizbuch schreibe. Ich schreibe etwas über den Geruch von Bänken:

Die Bank riecht nach jenen, die auf ihr sitzen oder gesessen haben, oder nach den Nahrungsmitteln, die auf ihr verzehrt werden oder wurden; sie mag auch nach den Gräsern und Pflanzen riechen, die um sie herum oder, seltener, auf ihr wachsen, womöglich nach dem Urin von

Tieren, die sie als Teil ihres Reviers markieren; allgemeiner formuliert: nach der Luft, die sie umgibt. Bestenfalls aber riecht sie nach ihrem eigenen Holz, vielleicht ein bisschen nach Lackfarbe und dem süßlichen Schweiß von in der Sonne schlafenden Käfern.

Da kommt Prince mit seinem Rennrad und seiner rosa Radfahrermütze. Er sieht ein bisschen mitgenommen aus. Das Funkeln in seinen Augen ist ein Flackern. Nachdem ich einige seiner ironischen Bemerkungen bezüglich dieses seltsamen Treffpunkts über mich habe ergehen lassen, erzählt er mir von seinen Dämonen, wie er das nennt: Dämonen, alles voller Dämonen, das Leben mit Caro, sie möge dies, er möge das, man müsse sehen, wohin man komme, seine Liebste, wie er sie unablässig nennt, lasse ihm nicht genug Ruhe, sie esse Gemüse, er nicht, das Studium eine Qual, wozu das alles, und außerdem der viele Dreck auf den Straßen, die Politik, die Luft. Prince hat sich nicht wirklich verändert, aber seine Unberechenbarkeit weicht langsam einer Schwere. Etwas zieht ihn zu Boden. Immer wieder sieht er sich um, wenn wer hinter der Bank vorbeigeht. Die Porzellangasse ist vielleicht wirklich kein Ort für ein solches Gespräch. Was auch immer für ein Gespräch es ist. Ich frage ihn, ob er etwas spazieren wolle. Er bejaht.

Wir gehen in Richtung Donaukanal. Prince schiebt sein Rad neben sich her. Ich glaube, dass er merkt, was es bedeutet, als Fisch zu leben. Daher die Schwere. Es dämmert ihm, dass er sich nicht über alles stellen kann, wenn er überleben will. Er ist wie einer dieser

Fußballkommentatoren, die jede Bewegung der Spieler kritisieren können, aber in unkontrolliertes Stolpern verfallen, wenn sie selbst mit einem Ball konfrontiert werden. Jetzt steht er schweigend am Spielfeldrand. Ich sage ihm das. Er lächelt. Diese Metapher, bemerkt er, könnte fast von ihm sein. Er sei stolz auf mich, klopft er mir auf die Schulter. Das Leben wäre lächerlich, betrachtete man es aus der Distanz. Es sei aber noch viel lächerlicher, wenn man es lebe. Ich pflichte bei. Gut gesprochen, gut gesprochen. Die Welt und das Denken und das Glück und das Unglück und das Leben und der Tod. Wir halten uns nicht mit den kleinen Themen auf. Nicht Prince und ich.

Im Donaukanal treibt eine tote Ratte. Ihr Bauch ist ganz rot. Wir kümmern uns nicht weiter um sie und gehen stadtauswärts, vorbei an der von Friedensreich Hundertwasser gestalteten Fassade der Müllverbrennungsanlage. Vorbei an besprühten Mauern, gesperrten Brücken und unkrautüberwucherten Stadtbrachen. Es ist windig. Ich ziehe meinen Kragen hoch. Wir erreichen die Donau. Sie fließt. Immerhin das. Flüsse haben da keine Wahl. Hören sie auf zu fließen, hören sie auf zu sein. Hier würden Schiffe ihren Dreck ins Wasser pumpen, sagt Prince. Er deutet auf am Ufer schwimmende, gräulich funkelnde Unratklumpen. Sie treiben auf dem schwappenden Wasser wie der ölige Fettfilm auf einer Suppe. Tatsächlich haben sich diese an Pilze erinnernden Schmutzbälle seit dem vergangenen Sommer mehr und mehr ausgebreitet. Woher sie kommen, ist unklar. Sie sind da. Und wo sie sind, gibt es weniger Fische. Prince schüttelt den Kopf. Er sagt, dass alles zugrunde gehen werde. Es strengt mich ein wenig an, mit ihm zu sprechen. Ich bin müde. Der Wind hilft auch nicht, er treibt mir Tränen in die Augen. Ich bin müde, weil ich einen Traum hatte, der mich nicht schlafen ließ. So ist das manchmal. Man träumt, und deshalb kann man nicht schlafen. Ich ringe mit mir, aber erzähle Prince dann doch von meinem Traum:

Der Sandlerkönig und meine Mutter sitzen gemeinsam auf jener Bank, auf der ich, mit meiner Mutter neben mir, als Kleinkind fotografiert worden bin. Sie sind beide in weiße Hermelinroben gehüllt. Königlich wie Statuen und schön wie Seide. Meine Mutter hat kratertiefe Augenringe. Die Krankheit ist weit fortgeschritten. Aber aus ihrem eingefallenen Gesicht spricht eine verführerische Gleichgültigkeit. Sie hat nichts mit der Furcht zu tun, die ich sonst so oft hinter ihren Augen zu erkennen glaubte. Meine Mutter hat ihre Fingernägel lackiert und wirkt zufrieden. Auch der König wirkt glücklich. Sie rauchen und schauen mich an. Sie mustern mich, als wäre ich ein Lampenschirm. Etwas bringt mich dazu, auf sie zuzugehen. Ich kuschle mich zwischen sie, in den samtweichen Überhang ihrer Mäntel. Ich rolle mich ein und versinke im nach Motten und Zigaretten riechenden Hermelin. Das Fell ist warm und etwas klebrig, aber nicht unangenehm. Es fühlt sich an wie ein Kissen, das zu oft gewaschen wurde. Die Füllwatte ist dann ganz zerfleddert, man kann seinen Kopf kaum mehr auflegen, weil das Kissen ständig nachgibt. Aber irgendwie findet man doch noch eine Stelle zwischen den Stofffetzen, in der sich alles fügt, sodass man beruhigt einschlafen kann. Vom Hermelin umhüllt, höre ich das Rauschen des Blutes, das durch die Adern des Sandlers oder meiner Mutter pumpt, ich bin mir nicht sicher. Mit einem Mal höre ich es rascheln, ja knistern. Meine Mutter stöhnt leicht auf, ob vor Schmerz oder Lust, vermag ich gar nicht zu sagen. Sie stöhnt wieder und wieder, und auch der Sandlerkönig atmet lauter. Es scheint, als würde der König sie küssen, ihr mit seinem Speichel das Gesicht befeuchten. Die beiden Körper, zwischen denen ich liege, zucken unkontrolliert, schlagen aus. Sie kämpfen und umschlingen sich. Der so wohlig warme Hermelin wird plötzlich ganz heiß. Ich spüre ihn an meiner Haut. Er brennt, ja, er steht in Flammen und klebt an meinem ganzen Körper. Ich versuche, ihn von mir zu reißen, aber der Schmerz ist zu groß. Ich springe auf und muss kurz darauf noch sehen, wie der Hermelinkönig meine regungslose Mutter in den Wald hinter der Bank schleppt. Die Bank verbrennt und zerfällt. Ich spüre wie sich unter den an meiner Haut klebenden Resten des wie Mäusespeck riechenden Hermelins kleine schwarze Löcher in meinen Körper brennen – und wache auf.

Prince lacht laut auf. Es sei ein lächerlicher Traum, geradezu pathetisch, spuckt er mir entgegen. Er glaube mir gar nicht, dass ich den Traum wirklich geträumt hätte. Ich weiß nicht, was ich ihm entgegnen soll. Aber es spielt eigentlich auch keine Rolle. Nicht alles ist wichtig. Ich habe das geträumt, und Prince glaubt mir nicht. Die Donau fließt dahin. Es ist ein bisschen arg windig. Da kann man nichts machen.

Jodok-Fink-Platz, 11. November, 14:30 Uhr

Sitzfläche und Lehne bestehen aus einem einzelnen muskatnussbraunen, glattgeschliffenen Brett, das mit einer dicken Lasur vor Witterungen geschützt wird. Glänzt, als wäre alles neu. Erinnert mehr an Holz aus Innenräumen: Bücherregale, Schreibtische. Ein ovales, einteiliges Metallstück mit zwei großen Schraubenmüttern dient als Armlehne. Das Ganze ist auf einer Kopfsteinpflastermauer verbaut, sitze also auf der Mauer auf der Bank. Großer Platz, aber seltsame Enge durch schattenwerfende Piaristenkirche. Hinter der Bank abblätternder Putz von den Wänden. Keine Bäume hier. Höre Kindergeschrei aus dem neben der Kirche liegenden Gymnasium. Aufenthalt: eine Stunde. Regenwasser vom Vortag läuft nicht von der Bank ab, bildet Pfützen, deshalb setzt sich niemand.

Man muss sich immer wieder das Gleiche ansehen. Immer wieder. Man wird bemerken, dass es sich ständig verändert. Bis es sich nicht mehr verändert. Dann muss man sich etwas anderes ansehen.

Ich setze mich auf eine Bank am Tannhäuserplatz. Ich bin schon zigmal auf ihr gesessen. Ich wohne nicht weit von hier. Selbst wenn es die gleiche Bank ist, auf die ich mich setze, so sitze ich doch nie zweimal gleich. Man kann nicht zweimal auf der gleichen Bank sitzen. Da sind Bänke wie Flüsse. Ich schaue auf: Eine alte Frau mit Gehwagen und Fließpullover setzt sich auf die Bank auf der gegenüberliegenden Seite des kleinen Platzes und lehnt sich erschöpft zurück. Ihr Gehwagen rollt noch ein wenig weiter, bevor er vor der Bank stehen bleibt, was die Frau nicht sonderlich zu kümmern scheint. Sie sitzt schief, atmet schwer. Die Lehne ist zu niedrig, sie muss ihren Rücken verbiegen, um von ihr gestützt zu werden. Irgendwann findet sie eine anscheinend angenehme Position, und in ihr verharrt sie. Sie macht nicht den Eindruck, als würde sie jemals wieder aufstehen wollen. Um sie herum nur Häuser, Asphalt, dünne, fruchtlose Obstbäume und eine vertrocknete Wiese. Sie ist hier, um zu sitzen. Sonst gibt es keinen Grund. Nicht einmal die Krähen lassen sich hier sehen. Die Straßenbahn donnert auf der ungefähr hundert Meter entfernten Hauptstraße vorbei. Zwischen den Schienen sammeln sich Dreck, Kebabreste, Verpackungsmaterialien. Dort sind auch die Krähen. Einige der Betreiber der zahlreichen Elektroreparaturläden an der Straße stehen vor ihren Geschäften und rauchen. Sie reden, zwischendurch lacht einer auf. Sie reden, um nicht an die Arbeit zu denken. Ein junger Mann im Trainingsanzug schlendert über den Platz. Mit seinen Schuhen tritt er auf dem zwischen dem Asphalt wachsenden Klee herum. Dann geht er weiter. Der Klee richtet sich langsam wieder auf. Es riecht nach Marihuana.

Ich widme mich der alten Frau. Sie stammt nicht aus Österreich, das erkenne ich. Sie sitzt so wie eine, die nicht zu Hause ist. Ihr Körper stemmt sich gegen den Raum. Anders kann man das nicht sagen. Sie betrachtet geistesabwesend das auf dem Boden liegende Laub, ihre Gedanken sind anderswo. Weit weg. Ihr Blick verrät das. Sie schaut nach innen, wo man nur schwer etwas findet. Es ist ein trauriges Bild, aber vielleicht ist es auch schön. Je öfter ich auf Bänken sitze, desto klarer sehe ich mich selbst als alten Mann, der irgendwann einmal schwer atmen und das Laub betrachten wird. Ich weiß nicht, ob ich dann zu Hause sein werde. Momentan bin ich auf Bänken zu Hause, also überall und nirgendwo. Zuhause, Zuhause, was für ein Wort. Vielleicht ist das schon das Älterwerden, wenn man sich das Altsein vorzustellen beginnt.

Ich frage mich, ob diese Frau sich freut über die fallenden Blätter. Es muss sie auch ermüden. Die Blätter fallen schließlich jedes Jahr. Manche von ihnen fallen sogar auf die Stelle, auf die schon im Vorjahr ein Blatt gefallen sein muss. Sieht sie noch, dass sie trotzdem jedes Jahr anders fallen? Sie muss das Gleiche schon so oft gesehen haben. Ich befürchte, dass ihr alles gleich scheint, alles gleich ist. Ich weiß nicht. Meine Mutter atmete auch schwer, als ich sie im Krankenhaus besuchte. Plastikschläuche pumpten Sauerstoff in ihre Nasenlöcher, und ich stelle mir vor, wie sie neben mir sitzt und mit mir das Laub betrachtet. Ich bin mir nicht sicher, ob wir so was je zusammen gemacht haben.

Die Frau merkt, dass ich sie anschaue. Ich halte ihrem trüben Blick stand. Wir sitzen beide an diesem Platz, aber in unseren Blicken findet sich kein Verständnis füreinander. Das passiert manchmal. Ich weiß nicht, wo sie ist. Sie weiß nicht, wo ich bin. Dabei sehen wir, wo wir sitzen. Wir sehen alles, was uns umgibt, aber das reicht nicht. Ich nicke ihr zu, lächle, so gut ich eben kann. Nicht besonders gut. Sie schaut weg. Diese Frau, denke ich, bereitet mich auf das vor, was ich lieber verdrängen würde. Auf den Tag, an dem das Gleiche nichts Neues mehr bringt. Und da sehe ich, dass sie gegen das Einschlafen kämpft. Nein, sie kämpft gar nicht. Es geschieht einfach so. Ihre Augen schließen sich, öffnen sich wieder. Ihr Sitzen ist kraftlose Gewohnheit. Sie könnte überall sein jetzt. Aber immerhin darf sie kurz schlafen auf dieser Bank. Ich schaue mir das eine Zeit lang an, aber nicht zu lang.

Irgendwann stehe ich auf und gehe zur nächsten Bank. Man darf nicht zu lange bankieren, sonst wird man sesshaft. Ich streife also umher und suche nach einer weiteren Bank. Ich fühle mich wie am Ende der Welt nach der Begegnung mit dieser Frau. Das kommt so über mich manchmal. Es geht auch wieder fort. Ich suche nach einer Bank, aber auch nach dem Hermelinkönig. Wenn ich in Kurven gehe, wenn ich ziellos bleibe, dann werde ich ihn finden. Ich weiß es. Dem stehen nur diese Stadt und ihr Wesen im Weg. Ich will es so erklären: Wien ist klein. Will man bestimmten Menschen aus dem Weg gehen, sollte man wegziehen. Ansonsten ist es äußerst wahrscheinlich, dass man ihnen in der Stadt begegnet. Aber Wien ist auch boshaft, und so wird man die Person, die man sehen will, nie zufällig treffen.

Lautenschlägergasser, 26. November, 23:15

graubraune Bank in Hundezone. Steht neben Zwilling. Lehne und Sitzfläche jeweils einbrettrig. Lehne deutlich schmaler. Einteiliges Metallrohr bildet zugleich Armlehnen und Beine der Bank. Höre Züge rattern und quietschende Bremsen, kann Funken an den Oberleitungen hinter Mauer fünfzig Meter links von mir erkennen. Keine Hunde hier in der Nacht. Rieche sie trotzdem. Kalte, klare Luft. Aufenthalt: vier Stunden. In der Ferne höre ich dumpfe Rhythmen aus den Wiener Werkshallen, vermutlich ein Konzert.

Ich suche eine schöne Bank. Schön und sitzsam. Denn heute bin ich mit keiner zufrieden, keine macht mich an. Vielleicht liegt es an der beginnenden Adventszeit. Vielleicht an der Kälte. Das ist nicht die Zeit von uns Bankiers. In den Parks werden überall Weihnachtsmärkte aufgebaut. Rabiat werden die Bänke hinter die zahllosen punschverkaufenden Hütten gezerrt. Eiszapfen wachsen unter der Sitzfläche bis zum Boden. Niemand beachtet sie. Wenn sich Menschen überhaupt an der frischen Luft aufhalten, stehen sie dicht gedrängt beisammen. Zum Sitzen ist ihnen zu kalt. Meine Mutter hat mir immer Magenbrot gekauft auf Weihnachtsmärkten. Das fällt mir so ein. Ich denke langsam weniger an sie, bekomme Angst, sie zu vergessen. Alles kann vergessen werden. Das macht mich wütend. Ich bin wütend auf meine Mutter, weil ich sie vergesse. Das ergibt keinen Sinn, ist aber so. Ich muss noch mal fragen: Können sich Bänke erinnern? Das ist eine dumme Frage. Aber vielleicht auch nicht. Ich glaube Borges hat einmal gesagt, dass die Liebe zu den Dingen deshalb traurig sei, weil sie nicht wüssten, dass man existiere. Ich bin mir nicht sicher. Das trifft doch nur zu, wenn man selbst nicht weiß, dass die Dinge existieren. Dass sie atmen und fühlen wie wir.

Ich schlendere durch den dritten Gemeindebezirk. Es ist kaum wer auf den Straßen, zu kalt, zu nichtssagend ist diese Nacht. Mein Rücken schmerzt. Mein Bart juckt. Ja, ich habe jetzt einen Bart. Sieht ganz gut aus, finde ich. Ich betrachte mich in den Spiegelungen der Autofenster. Aber das ist unwichtig. Mein wachsender Bart, die Kälte, das ist alles irrelevant. Es wird noch viel Bart wachsen, es wird noch viel Kälte sein. Ein Bart wächst letztlich auch nur in den Tag hinein … es muss sich doch eine Bank finden lassen.

Ich gehe durch eine durch eine kleine Passage, unter einem über die Straße gebauten Wohnkomplex hindurch. Da bemerke ich einen im Schlafsack in der Kälte sitzenden Mann. Er hat sich vor einer Kneipe gesetzt. Er grüßt mich mit erhobener, schwarzverfärbter Hand. Ich kenne ihn nicht. Oder doch? Ich bin mir nicht sicher. All diese flüchtigen Begegnungen auf den Bänken, vielleicht habe ich ihn vergessen. Ich grüße zurück. Das schadet nie. Er winkt mich zu sich und bietet mir ein Stamperl an, wie er das nennt. Ich weiß nicht recht. Eigentlich trinke ich nicht. Aber warum eigentlich nicht? Ich werde eine Ausnahme machen und mit diesem Mann auf dem Boden statt auf einer Bank sitzen. Der Schnaps hilft gegen die Kälte, und die Gesellschaft auch. So sehe ich das, und ich sehe nicht schlecht. Außerdem gefällt mir, wie der Schnaps sich im Bart verteilt. Das riecht man die ganze Nacht.

Dieser Mann hier nennt sich Toni. Immerhin hat er einen Namen. Das geht gut los. Er sagt mir, dass er die Stamperln aus der Kneipe da an der Ecke bekomme. Fast jeden Abend, die Leute seien sehr nett. Er bekomme sie umsonst. Sehr nett, sage ich ihm. Sehr nett, sagt er mir. So verstehen wir uns, und da fängt er an zu plaudern. Er erzählt mir, dass er dauernd hier nächtige vor dieser Kneipe in der Keinergasse. Er lacht. Nichts Besseres könne er sich vorstellen, als in der Keinergasse zu schlafen, denn er lebe in keiner Gasse, sagt er mir wiederholt. In keiner Gasse. Ich verstehe den Scherz. Das gefällt ihm.

Toni hat leuchtende, fast kindliche Augen, die aus seinem blassen, von einem weißen Bart umrankten Gesicht strahlen. Wie sein ständiges Lachen widersprechen sie seiner niedergeschlagenen Stimme, seinen von den Gehsteigen schwarzgefärbten Handflächen und seiner in sich zusammengekauerten Körperhaltung. Ich frage ihn, ob er nicht lieber auf Bänken schlafen würde. Er schüttelt den Kopf. Nein, nein, sagt er. Das hier sei viel bequemer. Er könne sich ausstrecken und müsse nicht fürchten, zu fallen, wenn er wieder unruhig träume. Wir schweigen eine Weile. Ein Geradeausmensch hastet vorbei und betrachtet uns abschätzig. Ich frage Toni, warum er überhaupt draußen schlafen müsse. Er lacht. So was frage man doch nicht, sagt er. Es stimmt. Ich verstoße gegen das ungeschriebene Gesetz. Ich entschuldige mich. Schon in Ordnung, schon in Ordnung, sagt er. Wenn ich ihm noch ein Stamperl hole, dann würde er es erzählen. Ich lasse mich nicht zweimal bitten, gehe in die Spelunke und bestelle zwei Stamperl Marillenschnaps für mich und den Herrn draußen. Zwei ältere Männer mit grauen Pullovern sitzen an der Theke und starren die gelangweilt dreinschauende Frau an, die mir die Stamperln gibt. Ich spüre, dass diese starrenden Menschen bemerkt haben, dass ich aus Deutschland bin. Da kann man nichts machen. Ich schaue, dass ich schnell wieder rauskomme. Bezahlen, sagt die Frau. Ah ja, ich bin ja nicht Toni. Ich krame in meinem Geldbörserl, wie sie in Wien sagen. Wolfgang

Ambros singt: Warum host mi owe ghaut? Warum host des gmocht? Niemand scheint die Musik zu bemerken. Ich zahle und nehme die Stamperln mit ins Freie. Ich solle sie wieder bringen, sagt die Frau, bevor ich durch die Tür bin. Ich nicke. Ich bin froh, wieder an die frische Luft zu können. Toni lacht. Er trinkt, dann erzählt er. Er erzählt so, als wäre alles, was ihm widerfahren ist, keine Frage der Umstände, sondern vorher feststehender, höherer Pläne. Als wäre seine Geschichte eine, die uns allen bevorstünde. Was er sagt, beeindruckt mich umso mehr, weil es die Sätze eines gebildeten, reflektierten Mannes sind. Eines Mannes, der auch anders leben könnte, aber keine Lust mehr hat. Er sei mit einem Bus voller Passagiere in einen Stau am Gürtel gekommen, beginnt er. Vor zwölf Jahren sei das gewesen. Hupen und Geschrei pausenlos, und im Bus seien alle langsam durchgedreht. Da habe es in seinem Schädel zu flimmern begonnen. In seinem Kopf, so erzählt er, habe es zu fiepen begonnen, als würde man aus einem Ballon die Luft ganz langsam durch einen winzigen Spalt lassen, und da habe er es nicht mehr ausgehalten und sei bei laufendem Motor aufgestanden. Dann habe er mit einem dieser Notfallhämmer, die in den zwanzig Jahren, in denen er als Busfahrer gearbeitet habe, mehr Schaden angerichtet als Menschen gerettet hätten, die Frontscheibe zerschlagen. Kurz und klein habe er sie geschlagen, sodass Tausende Scherben auf die dampfende Gürtelstraße sowie auf einen vor dem Bus stehenden Kleinwagen gehagelt seien. Dann sei er seelenruhig durch selbige Front ausgestiegen und ins nächste Spital marschiert, eigentlich wegen einer von den Scherben verursachten blutenden Wunde. Er zeigt mir eine lange, dünne Narbe am Arm. Beim Spital hätten sie ihn wegen psychischer und körperlicher Ermüdung aber gleich eingewiesen. Was mit dem Bus geschehen sei, wisse er gar nicht. Er schaut mich an mit seinen rundlichen Augen. Ich weiß gar nicht, was ich ihm entgegnen soll. Ich verstehe ihn, das will ich ihm sagen. Aber ich sage nichts. Das ist manchmal besser.

Was mich beschäftigt: Toni erzählt das alles, als wäre es ihm gar nicht selbst widerfahren. Er erzählt von sich als jemand anderem. Deshalb gibt es auch kein Bedauern. Das Traurige hält sich nur in seinem Blick. Aber auch der Blick gehört nicht ganz zu ihm.

Von da an sei es bergab gegangen, fährt er fort. Seine Frau habe ihn verlassen, die Kinder mitgenommen. Wieder Busse zu lenken, habe außer Frage gestanden. Etwas Neues zu beginnen, sei ihm schon immer zuwider gewesen. Irgendwann habe er die Wohnung aufgeben müssen. Das sei ihm sogar ganz recht gewesen, er habe es sowieso nicht mehr ausgehalten in Innenräumen. Es gehe ihm nicht schlecht jetzt. Nicht schlechter als vorher. Der Staat kümmere sich, lacht er. Er kümmere sich, der scheiß Staat. Toni lacht. Ich lache. Wir verstehen uns. Aber ich möchte nicht mehr auf dem Boden sitzen. Toni, sage ich. Toni, lass uns zusammen eine Bank suchen. Lass uns eine Bank suchen und darauf sitzen und reden. Das wäre doch was. Toni sagt, dass er das nicht wolle. Nein, sagt er, er würde lieber hier sitzen. Ich frage ihn, was er gegen Bänke einzuwenden habe. Sie seien doch schön, und man sitze besser als auf dem Boden. Sie könnten schöner sein, sagt er. Aber sie seien es nicht. Er erzählt mir von den stadtarchitektonischen Eingriffen in das Leben der Obdachlosen, von den Metallschienen, die auf den Sitzflächen installiert worden seien, damit sich die Sandler nicht hinlegen könnten. Toni spuckt aus. Er erzählt von Bänken, die man weggeschafft habe, damit sich die Sandler woanders aufhalten müssten. Es gebe eine Idee von Sauberkeit, in der es bestenfalls keine Bänke geben würde. Ich höre ihm zu, und es stimmt, was er sagt. Es ist mir schon öfter aufgefallen. Am Praterstern, am Karlsplatz. Scheiß Stadt, sage ich, und dass sie uns die Bänke wegnehmen würden. Überall gebe es jetzt neue Bänke, die keine Bänke seien, sage ich. Trostlose Badewannen aus falschem Holz, Plastikschüsseln! Gewellte Liegestühle oder Fußgängerzonen blockierende Kisten! Sogar Stühle geben sich als Bänke aus! Lieber sei es den Menschen, die Sandler würden in irgendeiner verlassenen Gasse sterben, als dass sie sich gegenseitig wärmen und unterhalten könnten, sagt Toni. Einen unsichtbaren Sandler ertrügen sie, eine sichtbare Gruppe hingegen mache ihnen Angst. Er habe Glück hier in keiner Gasse. Er werde geduldet. Er deutet auf die Spelunke.

Ich bin trotzdem enttäuscht. Ich würde gern mit Toni auf einer Bank sitzen. Wenigstens warm ist mir jetzt. Ein schöner Plausch. Dann gehe ich nach Hause. Toni muss ich wiedersehen. Ich habe das Gefühl, dass er mir noch mehr erzählen kann. Ich möchte nicht auf der Straße leben, aber keine Adresse zu haben, das wäre was. Keine Adresse und alles vergessen. Nicht mehr nachdenken. Alles so sehen, als würde es nicht mir, sondern einem anderen passieren.

Arenbergpark, 3. Dezember, 17:10 Uhr

eine hellbraune Bank mit Patenwidmung. Ein kleines goldenes Schildchen auf einbrettriger Lehne befestigt: Eva & Toni Meister steht darauf geschrieben. Man bezahlt für eine solche Patenschaft und trotzdem gehört die Bank nun mir. Auch die Sitzfläche besteht aus einem Brett. Die Beine sind aus schwarzem, verschnörkeltem Metall, zwei Teile, die durch ein Verbindungsglied verbunden sind. Runde Füße, es erinnert mich an ausfahrende Beine einer Raumsonde. Hinter der Bank eine braune Wiese, neben ihr eine riesige Laterne, die ein bisschen Licht auf die Bank wirft. Sterne erscheinen am Abendhimmel. Aufenthalt: zwei Stunden. Flaktürme bedrohlich neben den Bäumen; Kälte und Stille.

Heute habe ich Toni überredet, mit mir auf einer Bank zu sitzen. Sie ist nicht mal einhundert Meter von seinem Schlafplatz entfernt. Weiter habe ich ihn nicht bringen können. Er humpelt und atmet schwer. Aber immerhin. Wir sitzen auf dieser Bank vor einem Dönerladen in der trüben Herbstsonne. Die Mittagszeit klingt aus. Viele Fahrradfahrer fliegen an uns vorbei. Die Erdbergstraße, die hier mit keiner Gasse kreuzt, ist vielbefahren. Schüler stehen am Dönerladen. Ich habe einige Tage gebraucht, um Toni wieder aufzusuchen. Die Stamperln haben mir doch zugesetzt. Und überhaupt, das Leben als Bankier ist anstrengend, und ich habe ja auch ein anderes Leben, auch wenn mir das zunehmend abhandenkommt. Es passiert ja ohnehin nichts. Auf den Bänken, da spielt sich das wahre Leben ab.

Ich war mir trotzdem nicht sicher, ob ich Toni wiedersehen wollte. Ich dachte, dass er mich von den Bänken und meiner Suche nach dem Hermelinkönig ablenken würde. Wie falsch ich lag! Seit einigen Minuten nämlich erzählt mir Toni allerhand über den geheimnisvollen Regenten der Obdachlosen. Er kennt ihn. Das muss man sich mal vorstellen. Toni kennt den Hermelinsandler. Diese Zufälle, die einem nur dann begegnen, wenn man nicht nach ihnen sucht. Dieser Mann, so Toni, sei schon immer mit einer Hermelinrobe unterwegs gewesen. Man munkele, er sei ein Nachkomme der Vrints zu Falkenstein, eine ursprünglich aus Norddeutschland kommende Familie, die sich im österreichischen Hochadel ausgebreitet habe und deren wohl einzig wahrnehmbares Vermächtnis ein Palais im vierten Gemeindebezirk sei. Wie die meisten Adelsfamilien hätten sich die Vrints zu Falkenstein 1919 über das ganze Land verteilt. Woher er also genau komme, sagt Toni, der heute nachdenklicher wirkt, wisse man nicht. Überhaupt vergäßen viele, woher sie eigentlich kämen. Wenn man einmal auf der Straße lebe, würde ein neues Leben beginnen. Es sei zu schmerzvoll, an das vorherige Leben zu denken. Eine Straße schreibe sich in einen Menschen wie der Abdruck einer Hand in frischem Teer. Manche Dinge könne man aber nie abschütteln. Namen zum Beispiel. Auch wenn das »von« und »zu« der Vergangenheit angehörten, habe man es dennoch stets zwischen den Zeilen dieses Hermelinkönigs lesen können, zumal in Wien die Geister der Aristokratie durch jede Gasse huschen würden. Der nostalgische Prunk werde täglich entstaubt, schließlich wisse man ja nicht, ob er nicht doch noch mal gebraucht werde. Früher jedenfalls habe der Sandler mit der Hermelinrobe am Karslplatz herumgelungert, ganz nah also am Palais seiner Familie, bemerkt Toni, aber dann hätten sie den Karlsplatz gesäubert, ja, so hätten sie es genannt, und er sei verjagt worden. Zuvor aber sei er der König des Karlsplatzs gewesen, von wo er fast alle Sandler Wiens regiert habe. Es sei die große Zeit der Sandler gewesen. Er habe kontrolliert, wer von wem Schnaps oder Zigaretten bekomme, wer wo schlafe und so weiter. Manche hätten damals gesagt, dass er Geld gehabt habe, sehr viel Geld sogar, und dass er damit die anderen Sandler kontrolliere. Andere hätten behauptet, dass er einfach nur eine Aura besitze, die ihn überlegen erscheinen lasse. Dabei habe sich dieser Mann unheimlich gewählt ausgedrückt. Er habe mit seiner Robe auf den Stiegen zur Karlskirche gethront und über die Welt philosophiert. Vor allem nach dem dritten oder vierten Schnaps sei er nicht mehr zu halten gewesen. Und statt sich vor den Passanten zu ducken oder sie anzubetteln, sei er ihnen stolz, ja provozierend entgegengetreten. Toni hält einen Moment inne. Wir beobachten die umständlichen Parkmanöver eines giftgrünen Sportwagens. Wie gesagt, berichtet Toni weiter, es war die große Zeit der Sandler. Selbst wenn wir am Ende waren, todmüde und krank, fühlten wir uns, als würden wir die Stadt regieren. Glanzvoll sei das gewesen, bis, nun ja, bis sie eben angefangen hätten, den Karlsplatz zu säubern. Sie seien rigoros vorgegangen gegen die Sandler. Alle hätten unter dem Verdacht gestanden, Drogen zu nehmen oder mit Drogen zu handeln, und wie schon die Vrints zu Falkenstein hätten sich die Obdachlosen über das ganze Land oder zumindest über die ganze Stadt verteilt, und auch der König sei ziellos durch die Bezirke mäandert. Er sei noch eine Erscheinung gewesen, aber es sei langsam bergab mit ihm gegangen.

Ich stelle mir den nackten Kaiser von Hans Christian Andersen vor, einen verlorenen Regenten, der durch die Straßen torkelt. Mit den Gesten und Manieren eines monarchischen Herrschers vertraut, muss der Sandlerkönig nun in den dunkelsten Ecken Wiens seine Geschäfte verrichten. Muss, wann immer er einen aus seiner ehemaligen Gefolgschaft trifft, schamvoll die Augen senken.

Das Letzte, was ihn an sein ehemaliges Leben erinnert, ist sein Mantel.

Ab und an habe der König es noch mal versucht am Karlsplatz, meint Toni, habe sich dort die geheimsten Winkel gesucht. So habe er sich einige Tage in einem Gestrüpp hinter der Karlskirche versteckt oder in einem schwer erreichbaren Zugang zur Kanalisation. Aber immer hätten ihn die Uniformierten, diese depperten Faschos, wie Toni sagt, entdeckt und ihn an seiner Robe aus seinem ehemals geschützten Heim gezerrt. Diese scheiß Stadt, sage ich, weil ich sonst nichts sagen kann. Toni nickt. Vor einigen Monaten hätte er den Hermelinkönig im Donaupark gesehen. Er habe dort auf einer Bank gesessen und Silberbesteck verkauft. Keine Ahnung, woher er das gehabt habe, sagt Toni. Außerdem habe er mit zwei goldenen Löffeln musiziert, und die Menschen hätten Geld in seinen vor ihm ausgebreiteten Mantel geworfen. Angeblich habe ihn die Stadt sogar in irgendein Wohnungsloch in der Donaucity gestopft. Er sei sich diesbezüglich aber nicht sicher. Es werde viel geredet, und die, die erzählten, seien selten nüchtern. Toni lacht. Ich lache, und gemeinsam gehen wir langsam zurück in seine Ecke in keiner Gasse, ich spendiere Toni noch ein Stamperl und eine Gulaschsuppe. Und als ich gehe, sagt er, ich solle mal wieder vorbeischauen, und ich denke mir: Ich habe eine Spur. Endlich. Ein Adeliger in Kaisermühlen.

Lang lebe der König!

Wolfgang-Riese-Gasse, 18. Dezember, 01:30 Uhr

felsgraue Bank an Häuserwand unter verschlossenem Fenster mit weißen Gardinen. Bin mir nicht sicher, ob Bank privat oder öffentlich ist. Sitzfläche besteht aus sechs stark gewellten und verbogenen Brettern. Dünne Lehne als Rückenstütze. Armlehnen und Beine aus grünem Gusseisen. Schaue auf Hecke des gegenüberliegenden Gartens und höre auf mögliche Geräusche aus dem Haus, an dessen Wand ich sitze: nichts. Schornsteingeruch. Wind und Rauch. Nicke kurz ein. Aufenthalt: eine Stunde. Vollmondlicht. Rostige Blätter fliegen auf, als wollten sie zurück an die Zweige.

Der Donaupark liegt direkt neben den einschüchternden Betonschluchten der Donaucity. Er wurde in den 1960er-Jahren auf dem Gelände einer ehemaligen Mülldeponie errichtet. Ich habe schon im Sommer auf einigen Bänken des Parks gesessen. Man kann hier vorzüglich bankieren. Jetzt, im Winter, ist die Anlage eher verwaist. Nur vereinzelte Gestalten spazieren mit hinter dem Rücken verschränkten Armen, und auf den gefrorenen Teichen schlafen Enten. Sie verstecken sich in ihren Federn vor der Welt. Und auch der Hermelinsandler scheint sich zu verstecken. Von ihm ist nirgendwo etwas zu sehen. Nun, das wäre auch zu einfach gewesen. Vielleicht liegt es daran, dass heute kein Tag ist, um Silberbesteck zu verkaufen. Vielleicht also bei besserem Wetter? Vielleicht, wenn der Frühling anbricht? Wobei, warm hätte er es ja in seinem Mantel. Wie die Enten in ihren Federn.

Mit meiner Mutter war ich manchmal bei den Enten im Zoo. Ich durfte sie füttern und hatte schrecklich Angst davor, ihnen zu dicke Brocken Brot zuzuwerfen. Sie könnten ersticken, hatte mir meine Mutter gesagt. Einmal hat sie mir ein Buch geschenkt, in dem man Enten ausmalen konnte. Erst habe ich alle rot und blau angemalt. Da hat sie mir gesagt, dass das nicht in Ordnung sei. Ich solle die richtigen Farben wählen. Schließlich würde ich unter diesen Tieren leben. Und mit ihnen sterben, würde ich heute ergänzen, mit den Fischen etwa, die es hier neben den Enten gibt. Karpfen sogar. Fischer ziehen sie manchmal aus dem Teich und tragen sie anschließend in die U-Bahn. Ausgegluckst hat es sich dann.

Die Autobahn rauscht irgendwo. Ich setze mich auf eine Bank am Rand der großen Wiese des Parks. Ich sehe die Bimmelbahn, die bei schönem Wetter Kinder über die Anlage fährt. Sie steht auf den Schienen vor einem mit Nadelgehölz bedeckten Blumenbeet. Es gibt hier viele Gärten. Der Park entstand im Rahmen einer Gartenschau. Gärten waren immer wichtig für die Entwicklung der Parkbankindustrie. Ich schweife ab. Man muss das verstehen. Es gehört sozusagen zum guten Ton des Bankiers, abzuschweifen. Bankieren ist eine Form des Abschweifens. Das liegt auch daran, dass die Bänke nie von einem verlangen, dass man bleibt. Weil sich ihre Sache im Freien abspielt, kann man jederzeit türmen. Sie sind ein unverfängliches Angebot.

Ich schaue auf und sehe einen spindeldürren Mann in einem Gebüsch. Er reißt dorniges Gestrüpp aus der Erde, zumindest versucht er es. Sobald er einen faserigen Halm vom Boden oder einer Pflanze löst, wickelt er sich das Grün um die Schulter wie ein Seemann das Garn. So sammelt er Geäst und Gräser und zieht weiter. Die um seinen Oberarm gewickelte Unkrautspirale hat fast den Umfang eines kleinen Heuballens. Er legt diese mühevoll unter einer Tisch-Bank-Garnitur ab. Ich folge ihm ein bisschen durch den Park. Er interessiert mich, wie so viele dieser Menschen, denen ich begegne. Meist sind es einzelne, seltsame Männer. So wie ich wahrscheinlich einer bin. Ich nähere mich. Da sehe ich seinen Hund, einen recht großen Windhund. Sein Fell erinnert mich an das Haselnussbraun mancher Bänke. Er kreist in irrer

Geschwindigkeit um das Gebüsch, in dem sein Herrchen am Unkraut zupft. Da ruft der Mann: Come to daddy, und der Hund springt pfeilartig in seine Richtung. Good girl, good girl, Jessie's Girl, tätschelt er den großen Vierbeiner, der sich wiederum mit seinem ganzen Körper auf die äußerst zerbrechlich wirkenden Oberschenkel des Mannes legt. Ich nähere mich noch etwas mehr und frage dann, ob der Hund wirklich Jessie's Girl heiße. Der Mann bejaht. Good girl, good girl, Jessie's Girl. Ich bemerke laut, dass das ein sehr guter Name sei. Ein bisschen stumpfsinnig komme ich mir dabei vor. Wenn man mit Fremden spricht, ist das immer etwas stumpfsinnig, bevor es besser wird. In diesem Fall bleibt es wohl bei der stumpfsinnigen Annäherung, denn der Mann ignoriert mich. Er zupft, dann ruft er seinen Hund, come to daddy, dann zupft er wieder. Seine drahtigen Hände sind ganz grün verfärbt.

Ich wage noch einen Versuch. Ob er schon mal einen Mann in Hermelinrobe gesehen habe, frage ich. Da brabbelt er etwas von Anglizismen Durchzogenes, von dem ich glaube zu verstehen, dass es zu viel Unkraut gebe in der Stadt, man müsse den dirt canceln. Come to daddy. Jessie's Girl kommt mit einem völlig durchnässten Tennisball zurück. Der Mann schleudert den Ball mit erstaunlicher Kraft auf die Wiese: Catch it, catch it, catch it, ah, good, very good, come to daddy. Ich stehe noch einige Zeit neben ihm im Gebüsch. So lange, bis ich mir ganz sicher bin, dass er mich vergessen hat. Dann gehe ich und höre noch von weither sein come to daddy durch den Park schallen.

Huttengasse, 12. Januar, 12:00 Uhr

hellbraune Bank mit insgesamt sechsundzwanzig auf dem Holz angebrachten, hervorstehenden Schraubenmüttern. Armlehne und Beine bestehen aus acht Einzelteilen pro Seite, die sich zu diversen asymmetrischen Rundungen zusammenfügen. Sitzfläche vierbrettrig, wobei das vorderste Brett steil zum Boden hin abfällt und sich so der Form der Kniekehle anpasst. Lehne besteht aus einem Brett. Wasserpfützen stehen auf der Bank. Unter den Beinen nasser Asphalt, herumflatternde Buchenblätter und Plastiktüten. Aufenthalt: dreißig Minuten. Bank steht direkt am Eingang zur S-Bahn-Station Ottakring und an einer Bushaltestelle. Sehe mich in den gespiegelten Fenstern der haltenden Busse, mich und die Bank.

Wie die Zeit vergeht. Sie vergeht, aber lässt sich nicht vertreiben. Über die Weihnachtstage bin ich an Mutters Mauernische gefahren. Erst wollte ich nicht, dann habe ich es doch gemacht. Ich habe nachgesehen, ob alles schön ist. Das ist der Fall gewesen. Dann habe ich eine Kerze angezündet, ein bisschen vor der Mauer gestanden und mir lange über alles den Kopf zerbrochen. Je länger ich stand, desto weniger ist mir eingefallen. Die Nische befindet sich neben anderen Nischen. Das ist beruhigend. Ich weiß gar nicht, weshalb. Die Menschen hatten über die Feiertage Blumen an die Mauer gelehnt. Die standen da so gefroren. Ich konnte gar nicht bestimmen, welche Blume zu welcher Nische gehört.

Bei meiner Mutter gibt es keine Daten an der Nische, nur ihren Namen. Das wollte ich so. Ich mag Daten nicht.

Irgendwann bin ich müde geworden und bin dann zurück nach Wien gefahren. Jetzt sitze ich wieder in der Porzellangasse. Prince hat keine Zeit heute, und morgen auch nicht. Er müsse lernen für die anstehenden Prüfungen. So was habe ich noch nie von ihm gehört. Sei's drum. Ich schaue auf und sehe ein verdunkeltes Fenster. Das Lampenschirmgeschäft bleibt geschlossen. Die Krankheitsnotiz hängt noch immer an der Tür. Ich betrachte meinen verformten Körper in der Spiegelung des Schaufensters. Da sitze ich. Ein langer, im Licht verschwimmender Körper. Mein Bart hüllt das Gesicht in Schwärze, die in meinem Rücken fahrenden Autos gleiten durch meinen Körper.

Das wäre was: als Spiegelung leben. Meinen Körper auflösen. Auf allen Bänken zugleich sitzen. Nicht mehr nachdenken. Verschwinden. Wer aber kümmert sich dann darum, dass es schön ist an der Mauernische meiner Mutter? Wer erinnert sich an sie?

Donauinsel, 20. Januar, 08:20 Uhr

vier graubraune Holzbretter waagrecht in zwei massiven Betonfüßen verkeilt, sodass man auf ihnen sitzen kann. Metallschiene unterhalb der Sitzfläche stabilisiert Bank. Viele Zwillingsbänke entlang der Donau, vermutlich sichert der Beton die Bänke bei Überflutung und Wind. Bank steht unter Schwarzpappel. Staubflechten bedecken deren zerfurchte Rinde. Einige Meter entfernt macht eine Frau Klimmzüge an einer dafür aufgestellten Stange. Sonst bleibt keiner länger hier. Betrachte die Vorübergehenden, die von all dem nichts mitbekommen. Aufenthalt: sechs Stunden. Die braune Donau gleicht einem Meer mit Wellengang und Melancholie.

Ich bin etwas aufgewühlt. Das geschieht nicht oft. Erst mal muss ich mich sammeln. Erst mal muss ich mich setzen, das ist gut. Nicht auf eine Bank. Eine Bank habe ich nicht gefunden auf die Schnelle. Auf die Stiegen, wie man in Wien sagt. Auf die Strudelhofstiege, um genau zu sein. Die ist gleich bei der Porzellangasse. Von der komme ich gerade.

Es ist kalt auf dem Boden, aber ich halte es aus. Ich schaue auf und sehe einige Menschen, die über die von winterlichem Laub gesäumten Treppen gehen. Sie mühen sich durch die verführerische Symmetrie der ineinander führenden Wege und Geländer. Es ist stiller hier, nicht so geschäftig wie auf der Porzellangasse. Tauben sitzen auf den Geländern. Der Brunnen am Fuß der Treppen ist abgedreht. Kein Wasser plätschert. Über diese Stiegen klettert man nicht, um irgendwo anzukommen. Man begeht sie, um zu versinken. Vielleicht haben sie auch deshalb eine solch gute Metapher für Wien abgegeben. Ich weiß es nicht. Metaphern öden mich an. Aber diese steil ansteigenden Stufen erinnern tatsächlich, wie von Doderer geschrieben hat, an eine Bühne. Das haben sie mit den Bänken gemein. Das Maßlose der öffentlichen Bühnen Wiens vermittelt sich ausgerechnet im exakten Maß. Es gibt keine Grenzen in der Formvollendung. Der Zufall wird ausgespart oder gut versteckt. Alles hat zu glänzen. Nur eine Sache war bei diesen Stiegen wohl nicht eingerechnet: dass sie musealisiert werden. Die Menschen kommen nicht mehr her, um das Leben in diesen Formen zu entdecken. Sie kommen, um das vergangene Leben zu bewundern. Und dabei ist nichts trister als der Verlust der eigentlichen Bedeutung. Wenn man in der Gegenwart existiert, aber die Menschen in der Vergangenheitsform von einem sprechen. Bei Bänken ist das anders. Sie stehen mehr oder weniger für das Gleiche, und das seit zwei Jahrhunderten.

Ich komme aus der Porzellangasse, weil ich dort im Lampenschirmgeschäft gewesen bin. Die Tür hat offen gestanden, also bin ich reingegangen. Es hat wieder nach toten Motten gerochen. Ich habe gehofft, den Besitzer des Geschäfts zu sehen. Stattdessen habe ich seine Frau und ihre Tochter kennengelernt. Die Tochter hat in einer Ecke gesessen und mit Lampenschirmen gespielt. Sie hat zwei Lampenschirme gegeneinander kämpfen lassen, oder sie haben sich geküsst. Ich konnte das nicht genau unterscheiden. Die Frau hat sich mir als Cinderella vorgestellt. Ich dachte erst, das sei ein Scherz. Ich habe sogar gelacht. Aber sie heißt wohl wirklich so. Ihr Mann, der Besitzer des Lampenschirmgeschäfts, so hat Cinderella gesagt, heiße Kasimir Mitra, und er habe vor einigen Wochen einen Hirnschlag erlitten. Es sehe nicht gut aus. Die Ärzte meinten, dass er einen Teil seines Gedächtnisses nicht wiedererlangen werde. Vor allem, was in den Stunden, Tagen und Wochen vor dem Schlag geschehen sei, sei wohl für immer verloren. Auch was ihm fortan widerfahre, könne ihm nach einigen Stunden wieder entfallen. Cinderella hat einen gefassten Eindruck auf mich gemacht.

Sie hat lange, schwarze Haare, und sie verschluckt die letzten Silben ihrer Sätze. Das verleiht ihren Worten eine Schwere, die sie vielleicht gar nicht haben. Sie spricht, als würde ihr Schall von einem inneren Zweifel eingeholt. Jedes Wort, das sie sagt, wirkt ein bisschen vergeblich, aber umso schöner, weil sie es trotzdem gesagt hat. Wie ihr Mann trägt sie eine große, runde Brille, dazu eine eng anliegende, schwarze Lederhose und einen schwarzen Mantel.

Sie sei nur kurz im Geschäft, hat sie gesagt, suche einige Unterlagen. Ob Kasimir zurückkehren könne, wisse sie nicht. Wahrscheinlich nicht. Der Laden sei ohnehin seit Jahren ein einziges Minusgeschäft. Kasimir hänge an seinen Lampenschirmen, es sei hoffnungslos. In der Familie verdiene sie das Geld, hat sie gesagt und zu ihrer Tochter gedeutet. Es koste so viel mit der Kleinen. Da müsse man sich helfen. Sie würde Menschen im Internet die Zukunft vorhersagen. Das gehe erstaunlich gut. Zumindest jetzt. Vor zwei Jahrzehnten sei das mit den Lampenschirmen auch gut gegangen. Man wisse nie. Alles könne sich jederzeit ändern.

Ich habe mein Bedauern ausgedrückt und das Geschäft schon wieder verlassen wollen, aber Cinderella hat einfach weitergesprochen. Sie könne mir keinen Lampenschirm verkaufen. Sie kenne sich nicht aus hier, alles sei ein Durcheinander, und da habe ich ihr gesagt, dass ich gar nicht deshalb in den Laden gekommen sei, dass ich Herrn Mitra getroffen hätte und wir beide ein Interesse an dem Hermelinsandler hätten, und gemeinsam sind Cinderella und ich dann darauf gekommen, dass ich ihren Mann wohl just an dem Tag gesehen hätte, an dem er seinen Hirnschlag dort im Lampenschirmgeschäft erlitten habe, und da hat sich das Verhalten der Frau mit einem Mal verändert. Sie hat fast flehend an meinem Jackenärmel gezupft und gefragt, ob ich nicht mit ihr ins Spital kommen könne, um ihren Mann zu besuchen. Vielleicht, so hat sie insistiert, würde seine Erinnerung wiederkommen, wenn er mich sehe. Schließlich sei ich die vielleicht letzte Person, die er vor seinem Hirnschlag gesehen habe. Das hat sie so gesagt, und sofort habe ich vor meinen Augen diese Plastikschläuche gesehen und die kleinen Waschbecken und die Blicke der Patienten, die ihr Blut in einem Beutel in der Hand herumtragen. Aber gut. Das seien nur Bilder, habe ich mir gesagt, und Herr Mitra sei ein Mensch. Und einem Menschen wie Herrn Mitra will ich helfen, auch wenn ich mir eigentlich geschworen habe, nie wieder in ein Krankenhaus zu gehen, um wen zu besuchen. Das ist eine Eigenschaft, die ich habe: Hilfsbereitschaft. Und dann habe ich auch an das gedacht, was mir Manuela gesagt hatte: Dass die Erinnerung enttäusche im Angesicht der Gegenwart. Oder so ähnlich. Und Cinderella hat mich wirklich ganz flehend angesehen. Also habe ich gesagt, dass sie mir ihre Nummer geben solle, ich würde sie anrufen. Morgen oder übermorgen, ich verspräche es. Und am Ende hat mir Cinderella noch gesagt, dass sie mir auch die Zukunft deuten würde, wenn ich wolle. Dafür, dass ich das machen würde. Für meine Hilfsbereitschaft. Ich habe dankend abgelehnt, und dann bin ich rausgegangen, an die frische Luft, etwas aufgewühlt, wie gesagt, zur Strudelhofstiege. Ich komme kaum mit der Vergangenheit oder der Gegenwart zurecht. Bitte verschont mich mit der Zukunft.

Klabundgasse, 25. Januar, 16:30 Uhr

Bank besteht aus einem breiten Holzbrett, das auf zwei Ziegelsteinblöcken aufliegt. Keine Armlehnen. Direkt neben Bank ein Zwilling. Hinter Bank ein umzäunter Spielplatz. Eine ältere Frau sieht ihrem Enkel beim Rutschen zu. Sie hat Mühe mit dem Bewegungstrieb des Kleinen. Neben der Bank eine pyramidenförmige Holzkiste für Streukies und ein Mülleimer. Schaue auf modernes Wohngebäude. Purpurner Abendhimmel. Aufenthalt: zweieinhalb Stunden. Torjubel vom nahen Fußballplatz. Die wenigen Geräusche, die man wirklich hört, entspringen oft dem, was man nicht sehen kann.

Ich sitze auf einer dicken Eichenholzbank in einem Park beim Allgemeinen Krankenhaus. Mein Rücken schmerzt. Das wird langsam zur Plage. Aber ich will mich nicht beklagen. Vor dem Hintergrund der brutalistischen Krankenhausgebäude hat man hier eine kleine Oase errichtet: Hochbeete, Rhododendronsträucher und die ersten Knospen noch nicht erkennbarer Blumen. Während der Beton die Schreie der Kranken verschluckt, soll es hier nach nahendem Frühling aussehen. Der wolkenlose Himmel hilft. Cinderella spielt mit ihrer Tochter an einer Wippe einige Meter entfernt. Ich schaue in meinen Plastikbecher. In ihm schwimmt eine bräunliche, ölige Suppe, die mir von einem nahe liegenden Café als Mokka mit Kognak verkauft worden ist. Pfuiteufel! Lieber noch mal eine Nacht mit Toni und seinen Stamperln in keiner Gasse. Aber man kann es sich nicht aussuchen. Immerhin muss ich nicht im Krankenhaus sitzen. Ich nippe und sehe, dass Herr Mitra, der neben mir auf der Bank sitzt, seinen Becher schon ausgetrunken hat. Mokka mit Kognak, sagt er zufrieden. Das würde heute ja keiner mehr trinken. Das hat er also nicht vergessen. Anderes schon. Mein Gesicht beispielsweise.

Er schaut mich durch seine dicken Brillengläser an. Ich schaue wiederum ihn an. So sitzen wir, und nur manchmal sage ich etwas, und dann sagt er etwas. Aber das führt nirgendwo hin. Er erinnert sich nicht. Nicht an mich und auch nicht an andere Dinge. Er schaut mich bloß an und lächelt höflich. Er habe einen kleinen Unfall gehabt, und jetzt vergesse er manchmal Dinge. Aber das komme schon wieder. Er versucht, die Form zu wahren. Er sitzt ganz gerade, obwohl es ihn sichtlich anstrengt. Er trägt eine schöne Jacke mit Schal. Aber wenn ich in seine Augen blicke, erkenne ich eine Angst, die wie ein Parasit auf den von ihm gewahrten Förmlichkeiten sitzt. Seine Pupillen bewegen sich zu schnell. Sein Blick senkt sich früher, als er sollte. Ich kenne diesen Blick. Ich habe ihn schon gesehen. Man vergisst diesen Blick nicht. Wenn man im Lachen Schmerzen sieht. Wenn man in der Zärtlichkeit einen Abgrund erahnt. Es ist ein Blick, der sich davor fürchtet, erwidert zu werden. Er fürchtet, dass er sich verrät. Bestimmte Menschen haben diesen Blick an sich. Sie wollen noch sehen, wissen aber, dass sie dabei gesehen werden. Jetzt geh' nach Hause, ich komme schon zurecht, hatte mir meine Mutter gesagt und ihre Augen niedergeschlagen, und ich hatte gewusst, dass sie, Sekunden nachdem ich gegangen war, vor Schmerzen schreien oder alles vollkotzen würde. Die Würde, sich anders zu zeigen, als man sich fühlt, geht in der Krankheit verloren. So ist das auch bei Herrn Mitra. Er hat noch ein bisschen von dieser Würde. Aber sie schwindet. Seine ist aber auch eine andere Krankheit als die meiner Mutter. Ich bin es, der alles mit ihr vergleicht. Dafür kann Herr Mitra nichts. Er weiß nichts davon. Er weiß nicht mal, wer ich bin. In seinem Blick ist nicht nur Angst, sondern auch Leere. Ich fühle mich wohl in dieser Leere. Für ihn bin ich niemand, könnte jeder sein, bin da und nicht da. Ich bin unerkannt und sehe mich durch seine Augen wie ein unbeschriebenes Blatt. Cinderella kennt er, und seine Tochter auch. Das ist wichtig. Aber mich, mich hat er noch nie gesehen. Und warum ich ihm den Mokka mit Kognak, den er doch kennt, gebracht habe, weiß er nicht.

Ich frage ihn nach einem Mann in Hermelinrobe, der manchmal vor seinem Geschäft auf der Bank sitzen würde. Für einen Moment scheint er sich zu erinnern, dann leuchten seine Augen auf, und er erzählt von seinem lieben Onkel. Er erzählt von einer Jagd im Schneegestöber, denn einmal sei ihm erlaubt worden, mit dem Onkel auf die Jagd zu gehen. Er habe neben seinem Onkel am Rand eines lichten Wäldchens gelegen. Bitterkalt sei es gewesen im Eis. Es habe gedämmert, und sie seien ganz eingeschneit gewesen, und er habe gar nichts gesehen, sei fast schneeblind geworden, aber da, vielleicht eine Bewegung, und dann, ganz sicher, habe er etwas gehört, einen schrillen Schrei, ein Keckern, und da habe der Onkel geschossen. Er habe ins weiße Gestöber geschossen, und dann seien die Hunde losgerannt und hätten aus dem weißen Gestöber einen noch weißeren, schlaff im Maul hängenden Körper gezogen. Sie hätten ihn vor die Füße seines Onkels gelegt. So ein weißes Tier habe er nie zuvor gesehen gehabt, und nur am Nacken habe es geblutet, ganz heftig geblutet. Das würde nichts machen, habe ihm der Onkel gesagt. Das würden sie reinigen können, und ich frage ihn noch mal nach dem Hermelinsandler, aber nichts.

Er lächelt mir höflich zu. Cinderella und ihre Tochter treten zu uns, und wir sitzen alle noch eine Weile. Dann sagt Herr Mitra, er wolle sich hinlegen. Ich verabschiede mich. Cinderella bedankt sich für mein Bemühen. Wenn ich jemals über meine Zukunft erfahren wolle, müsse ich sie nur anrufen. Ich biege um die Ecke und schütte den Mokka mit Kognak in einen Rhododendronstrauch.

kastanienbraunes Modell. Einbrettrig an Lehne und Sitzfläche. Die Beine und Armlehnen bestehen aus einem länglichen, gebogenen Metallstück, das vom Boden bis zur Lehne führt. Großer Abstand zwischen Lehne und Sitzfläche. Bank steht an Gehweg mit Blick auf Wiese, auf der zwei metallene Fußballtore stehen. Im Rücken der Bank einige alte Eichen. Es wird behauptet, manche von ihnen haben Napoleon erlebt. In anderen sind Hakenkreuze eingeritzt. In den Wolken erkennt man die Zeichnungen des Windes. Aufenthalt: eineinhalb Stunden. Eine Katze rollt sich in der Wiese. Möchte es ihr gleichtun, bleibe aber sitzen.

Ich sitze auf einer Bank vor dem Naturhistorischen Museum. Es ist früher Morgen. Ich notiere, was ich sehe. Ich notiere auch, von wo ich sehe. Die Welt und die Bänke. Damit ich mich erinnern kann, wenn ich einmal wie Herr Mitra alles vergessen sollte. Aber auch, damit meine Mutter weiß, wie es mir ergeht. Das hilft. Sie wird lesen, was ich schreibe. Sie kann im Dunkeln lesen. Nur fehlen mir weiterhin die Worte: Wie beispielsweise soll ich eine Kastanie bezeichnen, die sich zwischen den Rillen einer Bank verfängt? Wie soll ich die feinen jahreszeitbedingten Unterschiede im Rauschen der Blätter beschreiben? Und wie lässt sich dieses Gefühl benennen, das mich auch nach Monaten noch oft befällt, wenn ich auf den Bänken sitze? Dieses Gefühl, dass ich mit dem Hermelinsandler geteilt habe.

Ich schaue auf und sehe eine Gruppe orangener Overalls mit großen Schabern auf die umliegenden Bänke zugehen. Sie kratzen am grünen Holz der Bänke. Sie bewegen sich flink. Sie schaben, und dann spritzen andere die Bänke mit Wasser ab. Erst verstehe ich nicht. Aber als die Kolonne weiterzieht, erkenne ich, was sie dort zu schaffen hatten. Sie kratzen das weg, was auf die Bänke geschrieben wurde. Sie tilgen die Insignien bürgerlicher Mündigkeit. Oft ist es nur Gekritzel, Unlesbares. Manchmal steht da mehr. Eine kleine Botschaft, ein Wutausbruch. Die auf Bänke geschriebenen Wörter sind der letzte Hauch anarchischen Ungehorsams. Die Stadt geht dagegen vor. Sie bringt Aufkleber auf den Bänken an: Nimm Platz, steht auf denen. So spricht die Stadt mit ihren Bewohnern. Wie ein Herrchen mit seinem Hund. Scheiß Stadt, sage ich in Gedanken zu Toni. Ich notiere einiges, was auf Bänken geschrieben steht:

Jego Transfeg Arsg goilo men ↑ King Ich liebe dich Jessica Angels Stop Mind Control Nach das Brexit dö Öxit Memo Esirka RKE FPÖNEINDANKE Onni Gokart Turbo French SICK! ich lieb euch alle auser marco Pepi Rapip Till Die Frere Rales Devil Sun =) ZPN* Fick Dich Mafia Polizei Homage No Bebi FLV! An Stop PC Culture AU Mak Peac <3 Nazis Raus Spongebob for President READ Books Blow 18 Bosporus Gulasch Smail Kill TSP Picnic Gang N <3 C TSFO Sozo HMF Storm & Lokal □ Pasta Für Feminism u. Anarchie Freiheit für alle W6 17 FAVZ! Hannah Bar Happy und so =) GA war here Lea is Blop STS XW2 Fuck Don't take the Vaccine du bist so schön 2406 Admir 1973fupa Gnash Nimo <3 Gore Schwanzgedicht Wir fordern den Kommunistischen Bund COAE Kai 2000 KurdoAli Diaf ACR BRUT FIASKO Komafick Antifa OK UHU 33 Rapid arat MOPS Oci Kako ste? Sorg AW VIPS weareweareweareweare KPUP we* BOR Strompunkt Bitch Easagog! Clutsy Prank Hitlaaa Trashy Rewo Wendy Feft Girlz Raub Bruder Pepi Ladoni400 Naivi Elmex horny so horny =(;) Goasn tschtsch Alufoliee kiwa neor FDJ FUCK POLICE STUPID BASTARDS bilal ivap.ouevre Hey SFU Stoppt Femizide GZGZ Schieß Kapitalismus TNC schwuler raus vime ohje naive Wiener Babes Für alle meine Schwuchteln alles du bedeutest alles Podst Lena Kilo komun Zelty greedy clumsy pixie wehrt euch! Vermisst du mich? der hass der 13 oldcapitalists rettet den sozialstaat safari hilfe Orman Überall Polizei Nirgendwo Gerechtigkeit micmac lassal liama torro Tanzen gegen politische Kälte tripperbitch Ibrahim hn daheim BHÖL chillen tst qba 15 Phils Prince was here ich habe h gemördert omiiii New Kids Für ihre eigenen Taten leider hast du möse Schweigt for Peace QBA Polaris Frust Babys alten Andi <3 brute! Sirop cocotaxi mei bibbi sooo sweet Free Mahala aws Venom Herz tabal fumo easy hole Missink FÖ Misterio Lea Bananas Hastomist Mist Diggi otr21 tabula rasa armino ich gehe aggro MEMO deine schöne goma Reks ogod hürsensöhn Azen! love is kake! 2342 RSKS je t'aime marie Bero wir die helden Diaf13, Fuchs du bist toll Heidi Post Flink soberi ACAB Smak7 Berlin KDN GUS Leipzig Hobqgan Sascha NAG PCb TRRRR Duglih Bunz MarXwat Chro Juno Psst! APM Mez Free Kurdistan Free Palestina Ekel 236 bb vielen Dank alles Gute Harald PR du siehst dunkel vielleicht ist es licht we'r iso top Love is the answer solidarity openja eh kunst Ruf mich an! Bank stv Bubbleteaaa Care slowh c+v DORF sober Malta Ufos gibt es nicht gibt es schon WTT Urgeil hellbraune Bank-Tisch-Garnitur. Es handelt sich um das gleiche Modell wie in der Savoyenstraße am anderen Ende der Stadt. Konstrukt steht am Rand der sogenannten Papstwiese zwischen dürren Eschen und Schnurbäumen. Blick auf leuchtenden Donauturm und dunkle Wiese. Als die letzten Parkbesucher nach Hause gehen, stiehlt Schäferhund Frisbeescheibe. Aufregung. Silhouette eines wie erstarrten umschlungenen Paares (sie steht minutenlang auf Zehenspitzen). Kaum hörbares Gemurmel. Bank ist ziemlich verunstaltet. Schwarzes Brandloch im Tisch. Aufenthalt: acht Stunden. Tiefer Schlaf unter Bäumen, windgeschützt.

Ich sitze im Donaupark. Die ersten Distelfalter schwirren. Sie sind aus dem Süden gekommen. Ein ganzer Schwarm. Rot-schwarzes Gesprenkel füllt die Luft. Die Schmetterlinge bringen die wärmeren Temperaturen. Sie suchen hier nach Gräsern, auf denen sie rasten können.

Die letzten Wochen waren schwierig. Ich war krank und saß nur selten auf Bänken. Wozu das alles, habe ich mich gefragt. Das hat nicht geholfen. Trotzdem habe ich nachgedacht. Ob es nicht Wichtigeres zu tun gebe. Ich habe mit Prince darüber gesprochen. Er meinte, dass ich mal aus der Stadt rausmüsse. Ich sei wie Sokrates, der auch geglaubt habe, dass man alles von der Stadt erfahren könne. Das sei ein Irrtum, hat Prince mir gesagt. Man brauche Felder und Wiesen. Dann hat er mir alles Mögliche über Caro, seine Liebste, erzählt. Ich habe nicht wirklich zugehört. Dass ich Caro einmal kennenlernen werde, darüber mache mir nicht viele Hoffnungen. Wenn, dann zufällig. Das ist so bei Prince. Aber einen von Prince' Sätzen habe ich mir gemerkt. Er hat gesagt, dass sich sein aus dem Glauben, zu wenig Tage zu haben, ergebendes Gehetztsein bereits über Jahre strecke. Das hat mir gefallen.

Ich habe auch überlegt, ob ich Toni mal wieder besuchen sollte. Immerhin ist er der Einzige von denen, denen ich in den vergangenen Wochen begegnet bin, der weder verschwunden ist noch mich vergessen hat. Ich konnte mich nur nicht aufraffen. Eine Zeit lang konnte ich mich zu nichts aufraffen. Ich war nur müde. Lustlos. Nur der Bart ist weitergewachsen. Ich kann jetzt meine ganze Hand in meinem Bart verstecken.

Heute fühlt es sich besser an. Sogar meine Rückenschmerzen haben sich gebessert. Die Bänke haben auf mich gewartet. Das zeichnet sie aus. Sie sind Dinge ohne Notwendigkeit.

Ich blicke auf und suche nach das Frühlingslicht reflektierenden Löffeln hier im Donaupark. Ich suche nach dem samtenen Weiß des Königsmantels. Keine Spur. Ich frage mich langsam, ob ich den Hermelinkönig jemals wiedersehen werde.

Die erste Wärme des Jahres ist die Königszeit des Bankierens. In diesen Tagen kommt es vor, dass alle Bänke in einem Park besetzt sind. Von meiner Bank aus beobachte ich den zum Leben erweckten Park: Jugendliche bilden einen Sitzkreis auf der Wiese, reichen sich Bier und Zigaretten. Eine Frauengruppe vollführt gymnastische Übungen. Radfahrer pausieren auf den Sonnenbänken. Menschen reden über ihre Hunde, weil sie nicht in der Lage sind zu schweigen. Die meisten sitzen in der Sonne und starren vor sich hin, als gäbe es nichts zu sehen. Ich erinnere mich an das Gesicht meiner Mutter, ihre geschlossenen Augen. Sie dreht sich zur Sonne, atmet durch die Nase. Ich fasse mit meinen Händen in ihr Gesicht, spüre die Sonne auf ihrer Haut, als ich plötzlich Annemarie sehe. Das ist sie, keine Frage. Annemarie ist eine Mitstudentin. Sie ist diejenige, die ich versetzt habe vor einigen Monaten, als ich den Hermelinkönig zum ersten Mal gesehen und verfolgt habe. Sie hat in einem Café auf mich gewartet, wir wollten ein gemeinsames Referat vorbereiten, und hat mich dann in einer Nachricht wissen lassen, dass es nicht schlimm sei, wenn ich sie vergessen hätte. Das komme vor, hatte sie geschrieben. Es bedeute nichts.

Annemarie spaziert durch den Park und blinzelt in die Sonne. Sie gefällt mir, wie sie da so geht. Vielleicht sollte ich sie fragen, ob sie sich ein wenig zu mir auf die Bank setzen wolle. Es sei ein so schöner Tag, und überhaupt. Aber plötzlich schäme ich mich für meinen Bart. Das ist schon seltsam: Zu Hause vor dem Spiegel bin ich ganz stolz auf meinen dichten schwarzen Bart. Aber nun, da ich Annemarie sehe, schäme ich mich. Ich sollte sie also auf keinen Fall ansprechen. Wir kennen uns ja kaum. Ab und an sehe ich sie zwar noch an der Universität. Aber das sind ganz flüchtige Begegnungen. Das ist nichts, worauf man aufbauen könnte. Sie würde also sicher einen falschen Eindruck bekommen. Sie würde glauben, ich würde mich gehen lassen. Dabei ist das Gegenteil der Fall: Ich lasse mich sitzen. Wenn ich sie riefe, würde sich etwas verändern. Ich würde Dinge vermischen, die nichts miteinander zu tun haben. Mein Leben als Student und mein Leben als Bankier.

Prince hat einmal gesagt, dass Annemarie eine der wenigen in unserem Studiengang sei, die wisse, dass dort, wo sich heute Wien befinde, vor langer Zeit einmal Mangroven gewachsen seien. Sie wisse vom Urmeer, an dessen Küste wir uns jeden Tag bewegten. Sie wisse auch, dass das der Grund sei, warum die Donau manchmal nach Salz rieche. Wenn ich sie so anschaue, kann ich mir gut vorstellen, dass sie das weiß. Sie sagt auch immer gute

Dinge in den Seminaren. Dinge, die mich zum Grübeln bringen. Einmal hat sie gesagt, dass man die Namen der Dinge vergesse, wenn man etwas wirklich sehe. Ich frage mich, ob sie auch etwas vom Bankieren verstehen würde. Es ist möglich. Ich traue es ihr zu, so wie sie da geht. Wie sie so in den Tag hineingeht und hinter einer Baumgruppe verschwindet. Ich zucke kurz, aber bleibe sitzen. Soll ich ihr nachgehen? Es ist zu spät. Ich habe sie nicht angesprochen. Das ist nicht schlimm. Wahrscheinlich ist es sogar gut so. Ich bin mir sicher, dass wir nicht viel gemeinsam haben. Sie spaziert, und ich sitze. Das sind Unterschiede, die man nicht so leicht überbrücken kann.

Ich schaue ihr nach. Mich überkommt das Gefühl, gar nicht da zu sein. Meine ausbleibenden Handlungen verleihen mir das Gefühl, verschwinden zu können. Ich bleibe noch etwas sitzen und betrachte die sich im Urwind wiegenden Mangrovenbäume.

Arbeiterstrandbadstraße, 1. April, 12:00 Uhr

türkises Holzmodell. Zweibrettrige Lehne, einbrettrige Sitzfläche. Keine Armlehne. Die Bank steht auf einer plattgetretenen Wiese vor einem der unzähligen Umkleidecontainer auf dem Areal »Sportcenter Donaucity«. Blick auf einen Fußballplatz, hinter beziehungsweise über dem die U1 fährt. Wenn niemand spielt, picken die Raben im Granulat. Statt Fußball wird Lacrosse gespielt. Ich verstehe nichts, sehe nur Menschen mit Helmen. Aufenthalt: vier Stunden. Gebrüll und Technomusik aus den Umkleiden.

Ich sitze im Kardinal-Nagl-Park und beobachte ein Ehepaar einige Meter von mir entfernt. Sie haben es sich mit einer Unzahl an Spirituosen auf zwei nebeneinanderstehenden Zwillingsbänken heimelig eingerichtet. Er sitzt auf der von mir aus gesehen linken Bank und sie auf der von mir aus gesehen rechten Bank. Beide würdigen sich keines Blickes. Stattdessen glotzen sie in den sich vor ihnen ausbreitenden Park, als wäre er ein Fernseher. Er hat einen dunklen Dreitagebart und einen glasigen Blick. Ich denke, dass er noch keine vierzig Jahre zählt. Sie ist etwas älter, denke ich. Aber ich kann so was nicht einschätzen. Es ist auch nicht wichtig, ob sie alt oder jung sind. Die Frau hat rosa Hamsterbäckchen und einen großen Mund. Er hat eine gebückte Haltung, ganz so, als könne ihm jederzeit eine Nuss aus den Bäumen auf den Kopf fallen. Sie trägt pechschwarze Kleidung und weint. Sie schluchzt. Man hört es durch den ganzen Park. Manchmal bin ich nachts aufgewacht und habe gehört, wie meine Mutter geweint hat. Ich traute mich nicht, nach ihr zu sehen. Ich lag ganz still in meinem Bett, habe die Luft angehalten, um ihre Tränen zu stoppen. Das hat nie geklappt. Einmal habe ich sie beim Frühstück dann gefragt, warum sie in der Nacht geweint habe. Da hat sie nur gesagt, dass sie einen traurigen Film gesehen habe. Geglaubt habe ich ihr das nicht. Wahrscheinlich hätte ich sie in den Arm nehmen sollen. Aber das war nicht unsere Stärke, körperliche Nähe. Nicht meine und nicht ihre. Trotzdem erinnere ich mich vor allem an die Berührungen. Das sagt etwas aus. Ich weiß nicht genau was. Freud hätte sicher einiges dazu zu sagen. Vielleicht sollte ich ihn aufsuchen. Er sitzt bestimmt wie Thomas Bernhard auf einer Bank und analysiert die Vorübergehenden.

Dass es sich um ein Ehepaar handelt, weiß ich, da die beiden auf den nebeneinanderstehenden Zwillingsbänken ohne Unterlass davon sprechen. Gerade die Tatsache, dass sie verheiratet sind, machen sie sich zum Vorwurf. Alles wäre besser, hätten wir nicht geheiratet, sprudelt es aus der Frau heraus. Das sagst du jetzt, weil du verheiratet bist, entgegnet der Mann. Je länger ich ihnen dabei zusehe, desto mehr bekomme ich den Eindruck, dass sie nicht nur einander, nein, den Park, die Stadt, den ganzen Zustand verfluchen. All die Vergeblichkeit! All die mühevollen Jahre der Liebe! Und dann, an deren Ende, sitzt man auf einer Bank. Langsam wird es dunkel und man trinkt schlechten Schnaps. Niemand kümmert sich. Wann hat das wohl begonnen? Als er heimlich ihren Namen auf das Holz einer Bank schrieb? Oder als er zum ersten Mal ihre Hand nahm und sie ihn zum Abschied auf die Wange küsste? Oder als sie nicht mehr voneinander lassen konnten, sich zwischen den Schenkeln berührten in der kühlen Abendluft und alles um sich ausblendeten? Sie und er auf einer Bank? Nicht auf zwei nebeneinanderstehenden Bänken, sondern auf einer? Oder hat es begonnen, als sie zum ersten Mal miteinander sprachen? Sich in die Augen sahen? Flüsterten und dabei ihre Stimmen neu erfanden? Stundenlang, bis der Parkwächter kam und ihnen mitteilte, dass er nun abschließen müsse? Und wann, wiederum, hat es geendet? Als sie einander nichts mehr zu sagen hatten und nur noch genervt auf der Bank hockten? Oder als sie wegblieb und er allein auf der Bank wartete? Stundenlang, bis der Parkwächter kam und ihm mitteilte, dass er nun abschließen müsse? Kratzte er noch ihren Namen aus dem Holz und ging nach Hause? Ja, so könnte es gewesen sein. Und nun, am Ende, sitzen sie auf einer Bank, langsam wird es dunkel, und da beginnt die Frau plötzlich zu singen. Ein altes russisches Lied. Sie singt aus vollem Herzen. Ihr Mann winkt ab. Er will das Lied nicht hören. Sein Körper wendet sich ab. Dann aber erhebt er sich, beginnt wie willenlos zu tanzen. Erst widerstrebend, dann löst er sich aus sich selbst. Der Mann tanzt, und die Frau singt. Er dreht sich um sich selbst. Sie trällert immer lauter werdend in die anbrechende Nacht hinein. Mindestens zehnmal das gleiche Lied. Dann sinken beide völlig erschöpft auf die Bank. Sie lachen auf. Er grölt noch einige Töne. Die beiden prosten sich zu. Ich stoße heimlich mit ihnen an. Von meiner Bank aus. Auf das Glück!

Herderpark, 12. April, 16:00 Uhr

hellbraunes Modell mit grünen Gusseisenarmlehnen und -beinen. Teil einer Kettenbankreihe, die ungefähr zwanzig Bänke umfasst, welche, nebeneinander aufgereiht, auf das in der Mitte der Parkallee angelegte Rosenbeet gerichtet sind. Allerdings sind die Bänke beweglich (untypisch für Kettenbänke). Trage Bank auf Wiesenfläche hinter mir in die abendliche Sonne. Brunnenplätschern, ein Eichhörnchen sprintet über die Wiese. Müde, fast wehrlose Menschen im Frühlingslicht. Bank nicht in bestem Zustand. Ein Bein leicht beschädigt, wackelt. Aufenthalt: vierzehn Stunden. Werde von Schulkindern geweckt. Musste Bank in der Nacht noch weiter bewegen, da mich nahes Laternenlicht blendete.

Um Geld zu spielen, ist denjenigen, die sich hier fast jeden Tag versammeln, verboten. Zumindest offiziell. Ich sitze auf einer Bank im Donaupark, unter drei wie von Sternenstaub benetzten Silberpappeln. Hier habe ich die letzten Wochenenden verbracht. Bei den Schachspielern. Inzwischen weiß ich, wohin ihre Euroscheine verschwinden: unter die überdimensionalen Schachfiguren, mit denen hier gespielt wird. Bei Einbruch der Dunkelheit wandern die Scheine von dort in die Hosentaschen. Alles ganz beiläufig, man bemerkt es kaum.

Ich spiele nicht, schaue bloß zu. So bekomme ich wenigstens Könige zu sehen, auch wenn sie keine Hermelinrobe tragen.

Gespielt wird hier ausschließlich von Männern. Sie spielen mit dem Licht, das heißt, sie erscheinen bei Tagesanbruch und ziehen sich in der Dämmerung zurück. Sie haben zwar vergessen, wie man sich richtig anzieht, aber sie spielen Schach wie die großen Meister. Das sage ich, auch wenn ich nichts vom Schachspiel verstehe. Ich sage es, weil sie es sagen. Sie spielen, und wenn sie nicht spielen oder andere spielen, dann sitzen sie auf den Bänken und philosophieren. Sie besprechen Spielzüge und die Bedeutung der Figuren. Dazwischen trinken sie den selbstgebrannten Obstler von Janica, einer rothaarigen Frau aus Kroatien. Sie trägt Lederklamotten und ist die einzige Frau weit und breit. Die Flaschen versteckt sie in einem zwischen den Bänken stehenden Kasten, der eigentlich für die Schachfiguren gedacht ist.

Es gibt an diesem am Rand des Donauparks gelegenen Ort zwei Möglichkeiten, Schach zu spielen. Für die stillere Variante setzt man sich an einen der Tische, die zwischen zwei langen Bänken aufgereiht stehen. Auf den Tischen sind Schachbretter angeschraubt. Man bringt seine eigenen Figuren und spielt im Freien. Die andere Variante, die mich mehr interessiert, wird auf drei auf den Boden gemalten Schachfeldern, die von jeweils acht Sitzbänken umringt sind, mit riesigen Plastikfiguren ausgefochten. Als ich vor einigen Wochen zum ersten Mal hier vorbeikam, war ich vor allem über das wilde Geschrei verwundert, das ich sonst so gar nicht mit diesem Spiel in Verbindung bringe. Ein zögernder Mann mit schwachen Armen wollte gerade einen Turm bewegen und wurde von entrüsteten Zuschauern eines Besseren belehrt. Verzweifelt stand er zwischen den Figuren wie ein Bauer. Ein Bauer, der sich nicht mehr vorwärtsbewegen durfte und auf seine Erlösung warten musste. Doch nur wenige Augenblicke nach solch einem Aufruhr kann es schon wieder ganz still werden. Dann hört man das Rascheln der Silberpappeln. Gerade jetzt herrscht eine solche Stille. Niemand bewegt sich. Yong ist am Zug. Gleich wird er den entscheidenden strategischen Zug setzen. Yong ist Koreaner. Laut eigener Aussage hat er seit vier Jahren kein Spiel verloren. Er trägt jeden Tag das gleiche weiße Hemd, das er so tief in die weiße Hose steckt, dass sein ausgeprägter Bierbauch droht, die Baumwolle zum Reißen zu bringen. Tief in sein Gesicht gezogen, sitzt eine Schirmmütze der US Army auf seinem Kopf. Außerdem versteckt er seine

Augen hinter einer Sonnenbrille, die er nur abnimmt, um andere Männer zu Spielen herauszufordern. Yong spricht ein schnatterndes, barsches Deutsch. Wenn er nicht spielt, schwadroniert er. Er gibt Ratschläge und erzählt von seinen unzähligen Triumphen. Jeder Spielzug erinnere ihn an einen anderen, bereits vor Jahren gespielten Spielzug. Das sei Schach, sagt er, die Erinnerung an die Möglichkeiten. Sobald er spielt, wird er leise. Jetzt verharrt er in einer geradezu hypnotischen Ruhe. Gerade, als alle Zuschauenden die Geduld verlieren, schubst er einen seiner Plastikläufer mit einem grazilen Fußtritt diagonal über das Feld. Der Läufer bleibt stehen, ohne auch nur ein bisschen zu wackeln. Yong ist sich der Wirkung seiner Geste bewusst. Mehr als beim gewöhnlichen Schachspiel geht es hier zwischen den Bänken schließlich auch um Theatralik. Man tanzt Schach. Ich schaue zu und erkenne das Leben der Stadt auf den quadratischen Feldern. Die Geradeausmenschen, die sich aus dem Weg gehen oder aufeinander treffen. Die Diagonalmenschen, die nach Abkürzungen suchen. Die Regenten und die, die für sie schuften. Die strenge Ordnung, aus der man Auswege sucht. Die Bank, von der aus ich all das betrachte. Minuten später hat Yong das Spiel für sich entschieden. Er setzt sich neben mich. Er raucht, nimmt seine Sonnenbrille ab und fragt, ob ich spielen wolle. Ich verneine. Ich wolle nur zuschauen.

Opernring, 18. März, 21 Uhr

eine auf einem kleinen, platt getretenen Wiesenstück zwischen Radweg und Nebenstraße gestellte Bank. Sitzfläche vierbrettrig, Lehne zweibrettrig. Graue, gerade gezogene Metallschienen formen Quadrate zu Armlehnen und Beinen. Neben der Bank stehen ein schwarzer Wasserhydrant, eine Straßenlaterne, ein Lindenbaum und eine sich drehende Litfaßsäule. Die Bank kehrt der Ringstraße den Rücken zu, Radfahrer und Straßenbahnen rauschen vorbei. Aufenthalt: zwei Stunden. Blick auf Statue Goethes. Der Schriftsteller sitzt auf einem Prunksessel auf einem Postament. Er sitzt bequemer als ich, auch wenn Postament wegen Urangehalt radioaktiv strahlt.

Ich sitze wieder bei den Schachspielern. Es ist ein sonniger Tag. Das ist eine gute Bank, denke ich. Sitzt man auf einer guten Bank, dehnt sich die Stadt aus. Sie verformt sich. Ich versuche, das zu beschreiben, notiere: Man sitzt und schaut auf ein sich entblätterndes, urbanes Gelände. Zunächst sieht man nicht genug. Unbestimmte Farben. Zu grell oder zu verschwommen. Bewegungen, die man nicht zuordnen kann. Bald aber lichtet sich das asphaltierte Dickicht. Statt Beton werden durchlässige Netze gemischt. Man blickt durch Fassaden und Mauern, man blickt durch die langsam zerbröselnde Ordnung der Stadt. Vor einem liegen nun sämtliche Epochen und Stile, die die Stadt durchlaufen hat. Auf einer guten Bank erkennt man das, was die Stadt stolz vor sich herträgt, und das, was sie lieber verbergen würde. Die Geschichten der ehemals Herrschenden und jene der ehemals Unterdrückten überlagern sich und schwellen an zu einem unverständlichen Chor. Die Reden der Faschisten, das Flehen um Gnade von deren Opfern. Die Krähen wiederholen diesen Gesang der Vorfahren. Sie krächzen von Abschied und Wiedersehen. Man sieht die Denkmäler und die Menschen, die sie erbaut und wieder abgerissen haben. Auf der guten Bank riecht man das in den Asphaltritzen wachsende Gras. Man spürt die Hitze der Sonne auf den Dächern. Es wird ganz deutlich, wie das alles verbunden ist, wie nichts ohne das andere wäre. Man erkennt, wo der erste Stein gelegt wurde, das Fundament der Stadt. Man sieht die zerfallenen Mauern und Türme. Langsam entsteht so ein Riss, der die städtische Wirklichkeit neu beleuchtet. Ein Krater in der Mitte der Stadt. Er verschluckt Gebäude und Straßen, Zäune und Laternen. In diesem Krater setzt sich die Stadt neu zusammen. Die immergleichen Wege strömen auf neue Kreuzungen zu. Statt architektonischer Logik beginnt nun die Freiheit der Umwege und Kurven. Man entdeckt die Umständlichkeit, die Unnötigkeit. Das Leben in der neuen Stadt beginnt. Wo man bis jetzt links gegangen war, geht man rechts. Wo man bisher nichts entdecken konnte, erscheint eine Pforte, die noch tiefer in die Stadt führt. Plötzlich steht man in den Katakomben, auf einem verborgenen Friedhof oder in zerbombten Kellern. In den U-Bahn-Schächten hört man das Rauschen des Urmeers. Auf den Balkonen stehen Mangroven. Der Wind reißt die Ampeln um. Prasselnder Regen lockt die Füchse in die Häuser. Der Blütenstaub bedeckt die Fenster. Auf den neuen Kreuzungen treffen sich die Kommenden und Gehenden. Sie alle tragen die Stadt mit sich. In kleinen Taschen. Sie tragen die Stadt in die Welt oder bringen die Welt in die Stadt. Die Stadt ist jetzt überall. Im Holz und im Gold. Im Moos und im Metall. In den Augen des Heimwehs und in den vergesslichen Worten der Verreisten. Alle erinnern sich an die Stadt. Die Tauben am meisten. Ihre Stadt ist ein riesiger Krümel. Die Stadt wird zu einem Mosaik all jener Bilder von ihr, die die Menschen bei sich tragen. Das alles sieht man von einer guten Bank aus, weil sie am Rand des Kraters steht. Weil sie in der Stadt steht und sich die Stadt einprägt. Die Stadt, die war und ist und sein könnte. Die gute Bank wendet sich dem vor ihr liegenden Raum zu. Sie macht ihn erst zu dem, was er sonst nicht wäre. Das denke ich, auch wenn ich geneigt bin zu schreiben: Das fühle ich.

Yong ist unzufrieden damit, dass der Bauer so früh geopfert wurde. Er beschwert sich laut. Ich erahne über mir einen vorüberschwebenden Schatten, vielleicht einer der Seeadler, die sich auf den Weg zurück in den Norden machen. Einst hatte Kronprinz Rudolf die letzten dieser Adler geschossen. Aus Freude an der Sache. Jetzt sind sie wieder da, und als ich aufblicke, sehe ich einen Mann in weißer Königsrobe über den nahen Parkplatz gehen. Ich sehe IHN. Er muss es sein. Der Mondsüchtige unter den Vrints zu Falkenstein. Da geht er einfach so. Er ist doch im Donaupark, Toni hat sich nicht geirrt. Er kann es nicht nicht sein.

Ich vergesse das vor mir ablaufende Schachspiel, höre nicht mehr Yongs kritische Kommentare über die falschen Züge eines Spielers. Ich höre nichts mehr. Ich springe auf und laufe zum Parkplatz, renne zum Hermelinkönig. So schnell ich kann. Es ist ein kleines Stück. Aber ich habe ihn genau im Blick. Es sind nur zweihundert Meter, mehr nicht. Ich renne. Renne. Von links kommt ziemlich schnell ein Skateboardfahrer. Ich will seinen Weg kreuzen. Das sollte sich ausgehen, wie sie in Wien sagen. Es geht sich nicht aus. Wir stoßen ineinander, fallen beide auf den Asphalt. Es war sicher meine Schuld. Ich habe nicht geschaut, nur den König gesehen. Mein Arm blutet. Oder ist es meine Nase? Der Skateboarder schreit mich an. Ich glaube, er ist nicht verletzt. Ich entschuldige mich. Ich schaue auf. Ich sehe ihn nicht mehr, den Hermelinkönig. Aber er ist da. Muss da sein. Ich will aufstehen, ihm nach. Im Himmel kreist der Seeadler. Mir wird etwas schlecht. Ich sinke zu Boden und liege dann mit Herrn Mitra und seinem lieben Onkel im Schnee. Wir starren in das weiße Gestöber vor uns. Wir warten auf das Hermelin. Stunden warten wir. Es ist ganz kalt. Aber wir wissen, dass das Hermelin sich zeigen wird, wenn wir nur lange genug warten.

dunkelbraunes Modell. Einbrettrige Lehne und dreibrettrige Sitzfläche mit schmalerem Brett in der Mitte. Lehnenbrett mit großem Abstand zur Sitzfläche, ein kleines Kind könnte rückwärts von der Bank kippen. Jeweils zwei grüne Eisenstangen verbinden die Elemente und dienen als Armlehnen und Beine. Weiteres grünes Metall verläuft unter Sitzfläche, um Bank zu stabilisieren (dem Holz wird nicht vertraut). Bank steht an Bushaltestelle vor Holzzaun und dicht bewachsenen Reihenhausgärten. Büsche und Farne klettern an Zaun und Bank. Aufenthalt: zwei Stunden. Jedes Mal Irritation, wenn Bus kommt. Busfahrer kann nicht glauben, dass jemand auf Bank sitzt, der nicht einsteigen möchte.

Ich hatte Glück. Yong und einige der Schachspieler haben mir aufgeholfen und mich vorsichtig ins Gras gelegt. Ich habe wohl ziemlich stark aus der Nase geblutet. Es hat einige Tage gedauert, bis ich keine Blutklumpen mehr in meinem Bart gefunden habe. Auf dem Boden liegend habe ich immer wieder vom König gesprochen. Yong hat das auf das Schachspiel bezogen. Er hat gesagt, man müsse vorsichtiger vorgehen, wenn man den König erreichen wolle. Ein Notarzt hat mich dann versorgt, und zur Untersuchung habe ich eine Nacht im Krankenhaus verbringen müssen. Es war nur eine leichte Hirnerschütterung, und die Nase war nicht einmal gebrochen. Trotzdem ging es mir nicht gut im Spital. Ich habe es kaum ausgehalten. Ich habe geweint die ganze Nacht. Ich habe meine Mutter gefragt, warum sie nicht da sei. Was sie sich denke, mich allein zu lassen. Ich habe zum ersten Mal geweint, seit sie gestorben ist.

Prince hat mich am nächsten Morgen vom Krankenhaus abgeholt. Das hatte ich gar nicht erwartet, obwohl ich ihm geschrieben hatte. Wir haben uns für den Maitag verabredet. Ein Ausflug aufs Land. Bevor er mich bei meiner Wohnung absetzte, hat er mir noch gesagt, dass ich langsam aufhören solle mit diesem Bankieren. Das führe zu Nichts. Das würde alles keinen Sinn ergeben. Er hat das gesagt, als wäre Sinn etwas, was es für ihn gäbe.

Jetzt sitze ich wieder auf einer Bank. Das lasse ich mir nicht nehmen, auch wenn mir der Schädel noch brummt von Zeit zu Zeit. Ich sitze auf einer etwas versteckten Bank in der Kleingartensiedlung Sillergärten bei der Waidäckergasse. Es riecht nach Grillfleisch, und die Gelsen, wie sie in Wien sagen, tanzen im Abendlicht. Eigentlich darf ich hier nicht sitzen. Es ist Privatgrund. Aber das stört niemand. Noch ein wenig will ich hier verweilen. Das gedämpfte Abendrot betrachten. Das Licht erschwert sich, die Stadt seufzt unter dem Violett, das sich nach und nach unter die Klarheit des Tages mischt. Ich sitze so wie einer, der allein aufs Meer hinauswandert. Ich schaue nicht mehr zurück. Schon nach wenigen Schritten über den Ozean bin ich nur mehr für mich selbst. Ein Landloser bin ich. Nichts bindet mich ans Ufer. Die Wellen können mir nichts anhaben. Ich sehe nur meinen länger werdenden Schatten. Er entfernt sich von der Bank, aber ein schmaler Streifen meines dunklen Doppelgängers bleibt an ihr haften. Mein Schatten entwächst dieser Bank oder versucht, ihr zu entkommen. Ich kann es nicht mit Sicherheit sagen. Auch die Bank wirft einen Schatten. Es ist seltsam, aber ihr Schatten löst sich von meinem. Er löst sich und fällt doch mit ihm zusammen. Ich stelle mir vor, wie es wäre, einen Schatten zu werfen, der nichts mit mir zu tun hat.

Am Hof, 1. Mai, 8:30 Uhr

hellbraunes Modell. Zweibrettrige Lehne, zweibrettrige Sitzfläche. Graue Metallstangen verbinden und stabilisieren das Holz. Sie dienen als Beine und Armlehnen. Bank steht mit Zwilling vor Kunstmetallzaun, der die Einfahrt in Tiefgarage absichert. Gleich daneben Fahrradständer und Aufzug in die Garage. Blick auf historischen Platz und Mariensäule mit ihren kämpfenden Putten am Sockel. Sehe den ganzen Tag nur eine Handvoll Menschen, die stehen bleiben, um sich das anzusehen. Dichter Verkehr und das hallende Geräusch von Pferdehufen auf Kopfsteinpflaster. Aufenthalt: sieben Stunden. Ein junger Soldat in Uniform steht neben der Bank. In seinen Händen hält er ein in ein Handtuch gewickeltes Kätzchen und streichelt es zärtlich.

Ich sitze auf einer Bank am Friedrich-Engels-Platz und warte auf Prince. Es ist ein warmer Tag. Ein vor der nahen Eisdiele angeketteter Havaneser kläfft unentwegt die Straßenbahnen an. Die Menschen strömen zur nahe gelegenen Donauinsel. Da hupt es. Ich fasse es nicht. Prince ist pünktlich. Er fährt mit seinem alten Fiat Panda vor und hält vor der Bank. Ich steige ein. Die Haare von Prince sind gewachsen. Er trägt ein Hemd und keine Radfahrermütze. Im Fiat riecht es nach chemischen Birnen, nicht mehr wie sonst nach Rauch.

Als er mich vom Krankenhaus abgeholt hatte, hatte mir Prince von einer historischen Steinzeitsiedlung in einem Wald eine Autostunde nördlich von Wien erzählt. Dort wolle er mich hinbringen, schließlich müssten wir, wie er zu sagen pflegt, wissen, woher wir kämen, um entscheiden zu können, wohin wir gingen. Prince hat schon immer viel von den Steinzeitmenschen geredet. Sie seien es gewesen, behauptet er, die falsch abgebogen seien. Die Kreuzung müsse man finden. Wenn man in der Geschichte zurückgehe, sei da irgendwann diese eine Kreuzung, und dann könne man einen neuen Weg bestreiten.

Die Steinzeit, die Steinzeit, bricht es jetzt aus ihm hervor. Man müsse sich für etwas begeistern, was bereits vergangen sei. Alles, was jetzt und in Zukunft passiere, sei reine Spekulation. Nur in dem, was nicht mehr sei, könne man eine Wahrheit erkennen, führt er weiter aus, während wir auf die erstaunlich leere Autobahn biegen. Wir fahren ins Weinviertel. Vorbei an Industrieanlagen und endlosen Rapsfeldern. Gezähmte, besetzte Reste eines tellurischen Grüns. Am Himmel nur Schleierwolken. Ich frage Prince, wie es ihm gehe. Gut, gut, sagt er, und dann schweigt er etwas länger, als er sonst zu schweigen pflegt. Ich schaue aus dem Fenster. Es stimmt schon. Die Stadt hält man nicht immer aus. Vielleicht sollte ich aufs Land ziehen und nur noch auf einer einzigen Bank in meinem Garten sitzen. Ich könnte sie selbst zimmern. Das aber wäre kein Bankieren. Das Bankieren braucht die Mehrzahl der Bänke. Es braucht den Möglichkeitsraum, die Entdeckung und das Unvorhersehbare.

Prince sagt es kurz und knapp, er sagt, dass Caro, seine Liebste, schwanger sei. Er sagt, dass er deshalb eine Arbeit gesucht und gefunden habe. Bei einer Firma für Plexiglas in Deutschland. Er werde mit dem Auto durch das ganze Land fahren, sagt er. Wie ein Blutkörperchen durch die Arterien eines Körpers wolle er durch Deutschland rasen. Ich bin nicht überrascht. Ich freue mich sogar ein bisschen für ihn und denke über seine Metapher nach. Die Arterien, ja. Weg vom Herzen. Ich bin mir sicher, dass Prince sich weg von seinem Herzen bewegt. Aber es würde keinen Sinn machen, wenn ich ihm das sagte. Nicht nur, weil Prince Prince ist. Sondern auch, weil man bestimmte Dinge nicht sagen kann. Wenn ein Mensch seine eigenen Ideale aufgibt, dann geschieht das aus einem Grund, gegen den man nichts sagen kann. Man kann nur zusehen.

Prince präsentiert sich vor mir derweil weiter als der große Freidenker. Er schwadroniert von Blutgefäßen und zerbrochenem Glas, seiner Liebe zum Automobil und den geschichtlichen Konnotationen deutscher Autobahnen.

Prince möchte noch einmal Prince sein. Ich höre ihm zu, aber nicht mehr richtig. Er ist jetzt ein Musterfisch geworden. Glucks, Glucks, Glucks! Ich starre aus der Frontscheibe. Wir verlassen die Autobahn. Kahlgeschorene Landschaften und einige vom Wind geplagte Dörfer, alles schießt an uns vorbei. Sämtliche Bänke in den Dörfern sehen aus wie neu. Niemand hat sie beschmiert oder sein Bier auf ihnen verschüttet. Wahrscheinlich verbringt nie wer eine Nacht auf ihnen. Ich frage mich, ob überhaupt jemals wer auf ihnen sitzt.

Irgendwann erreichen wir tatsächlich einen Wald zwischen Maisfeldern. Wir parken am Straßenrand. Prince dreht sich eine Zigarette. Ich schaue ihn an. Er wird der bleiben, der er ist, aber als ein anderer. Wie wir alle wird er sich die Welt immer so ordnen, wie es ihm eigen ist. Aber sein ernster Blick verrät, dass seine Ordnung erschüttert wurde. Nun beginnt der Wiederaufbau, die Suche nach der eigenen Identität in den Trümmern. Etwas Grundlegendes ändert sich, und man hält sich fest an dem, was scheinbar gleich bleibt. Eine gerollte Zigarette, eine seltsame Metapher für die Autobahn, eine Parkbank, auf der man sitzt. Ich bin da wie Prince. Ich halte mich fest, obwohl ich schwimme, seitdem ich der Letzte in meiner Familie bin. Er schaut mich an. Ich schaue ihn an. Er ist ein Mensch, immerhin. Wir grinsen. Er sagt etwas über meinen Bart. Er sagt, dass sich Franz von Assisi, sein Spleen, auch einen Bart habe wachsen lassen. Aus Solidarität mit den Leprakranken. Ich weiß nicht, wie er das meint. Ich sage ihm, dass ich es einfach so mache. Und überhaupt, warum sich einen Bart aus Solidarität mit Leprakranken wachsen lassen? Das ergebe doch keinen Sinn. Prince lacht. Das stimme, aber die Welt sei irre.

Wir gehen los. Prince biegt auf einen Waldweg, ich ihm hinterher. Wir gehen vielleicht dreihundert Meter. Dann bleibt er stehen und schaut aufgeregt auf eine Lichtung. Er schaut, und ich schaue. Aber ich sehe nur diese Lichtung an einem leicht ansteigenden Hang, Unkraut und von Spechten durchlöchertes Totholz. Vereinzelte Bäume. Dornicht und vom Wasser zersetzte Sandsteine. Hier, hier, sagt Prince. Er zeigt auf eine Fläche. Ich sehe überhaupt nichts. Ich habe mir ein Steinzeitdorf anders vorgestellt. Touristischer irgendwie. Mit Infotafeln und alten Hütten. Hier. Man sehe die Linien. Die Linien der Zeit. Konturen in der Erde. Ich kann nichts erkennen. Princes Aufregung ist aber nicht gespielt. Er deutet mit seinen Fingern auf sich angeblich in der Landschaft abzeichnende Spuren einer ehemaligen Siedlung. Er erkennt wirklich, wo die Behausungen waren und Ausgrabungen stattgefunden haben. Ich strenge mich an, und vielleicht erkenne ich etwas. Ich bilde es mir ein. Da könnte etwas gewesen sein, ja. Ich weiß nicht. Ich schaue Prince an. Manchmal sieht man mehr von der angeblichen Welt in den Augen derer, die sie sich einbilden, als wenn man selbst angestrengt versucht, etwas von ihr zu erhaschen. Prince schildert, wie man Knochen ausgegraben habe. Sein Zeigefinger malt Formen in die Luft. Unsichtbare Wege, unverständliche Geschichten. Letztlich sind wir allein mit unseren Obsessionen. Wir fuchteln herum, um etwas zu teilen, aber unsere ausgestreckten Finger deuten bloß auf ein obskures Feld.

Wir gehen einen anderen Weg zurück. Ich glaube, dass Prince genauso wenig weiß, wie er mit mir über das Bankieren sprechen soll, wie ich nicht weiß, wie ich mit ihm über seine Arterien sprechen soll. Ich sage ihm, dass ich bald mal wieder zur Mauernische meiner Mutter fahren würde. Er sagt, dass wir uns vielleicht sehen könnten, wenn er zufällig in der Nähe sei. Ich höre das und weiß, dass wir uns nicht mehr oft sehen werden. Solche Dinge weiß man, auch wenn sie einem noch gar nicht passiert sind. Das liegt an Prince. Aber das liegt auch an mir. Wir landen auf einer Privatstraße. Sie führt zu einem alten Jagdschloss inmitten des Waldes. Weiße Fassaden und braune Fensterläden. Es steht wenig einladend in einer Lichtung. Es steht da. Perfekte Linien, ein künstlicher Rasen und Hecken. Kein Unkraut ragt aus dem Wald in diese künstlichen Formen. Dieses Schloss ist das Gegenteil des Steinzeitdorfs. Es erhält sich. Jeder kann es sehen. Als wir uns nähern, entdecken wir einen nackten Gärtner. Nur Handschuhe hat er an. Er beschneidet die spärlich wachsenden Rosensträucher. Wir grüßen ihn vor dem kleinen Tor des Schlosses stehend. Er grüßt nicht zurück. Das macht er nicht. Stattdessen wirft er seine Heckenschere zu Boden. Er schreitet uns breitbeinig entgegen. Nackt, wie gesagt, aber das stört ihn nicht. Wir stören ihn. Er ist sicher siebzig Jahre alt. Ich kann so was nicht gut schätzen. Aber sein Körper beeindruckt mich. Ein bronzener, von der Sonne gefärbter Körper. Seine Haut ist eine einzige

Zellmutation, und doch wirkt alles an ihm vital. Ein Sonnenkind, kein Mondsüchtiger. Er bleibt nur wenige Meter vor uns abrupt stehen. Wir hätten hier nichts verloren, bellt er. Er würde auch nicht in unserem Garten spazieren. Ich will mich entschuldigen, aber Prince … er kann sich nicht halten. Er prustet los, als gäbe es kein Morgen mehr. Dabei schaut er sich den ganzen Körper des nackten Mannes genau an. Der Mann wirkt sichtlich verunsichert. Er schaut Prince an. Prince schaut ihn an. Ich schaue beide an. Prince lacht. Ich muss auch lachen. Der nackte Mann nicht. Die Steinzeitmenschen und das Schloss, sagt Prince schließlich. Dann verbeugt er sich, so tief er nur kann. Ich verbeuge mich auch. Dann hauen wir ab. Wir rennen durch den Wald. Der letzte große Auftritt von Prince. Einmal noch war er der, der nur den Trotz akzeptierte, wenn es darum ging, der Welt zu begegnen. Einmal noch den Fischen entwischen. Das ist es, das war es. Unser letztes großes gemeinsames Erlebnis. Das weiß ich.

hellbraunes, fast graues Modell. Sitzfläche besteht aus drei Brettern mit dünner Holzlatte in der Mitte. Lehne: einbrettrig. Alles von dunkelgrünem Metall unterlegt. Ungewöhnlich viele Rillen im Holz. Gegenüber der Bank, in der Mitte des kleinen Parks, eine in Stein geschlagene Statue zweier nackter Menschen, die auf einer Bank sitzen. Mann und Frau. Ihnen gegenüber ein Wasserspender. Jemand hat trotz der Hitze eine Wollmütze über den Kopf des steinernen Mannes gestülpt. Ich nehme sie ab und lege sie ihm in den Schoß. Aufenthalt: vier Stunden. Gesprühte Wörter auf meiner Bank. Ich kann nur »Antifa« entziffern. Krankenschwester aus nahem evangelischem Krankenhaus kommt und setzt sich mit Laptop auf die Bank neben mich. Sie tippt etwas, dann geht sie wieder.

Ich besuche Toni in keiner Gasse. Er hat Bauchweh und verzichtet auf das sonst übliche Stamperl. Seine schwarzverfärbten Hände klammern sich um die Fransen seiner Decke. Er hat Schmerzen, vermeidet den Augenkontakt. Ich bestelle ihm eine warme Frittatensuppe. Er stellt sie auf seinen Schoß und rührt sie nicht an. Wir sprechen nicht viel. Ich schaue mich um. Auf dem Gehweg liegt eine feine Malschicht Holzspäne. Fußabdrücke zeichnen sich auf ihr ab. Mit jedem in sie tretenden Fuß verwischt ihre Spur. Bis zur Unkenntlichkeit. Ein roter Luftballon hängt am Außenspiegel eines geparkten Lieferwagens. Dann tragen zwei Männer ein schweres Sofa über die Straße. Begleitet von Spatzengezirpe. Das alles geschieht gleichzeitig, ich muss es nur nacheinander notieren.

Ich frage mich, was der Unterschied zwischen Asphaltsitzen und Bankieren ist. Mir fällt nichts Besseres ein, als von der offensichtlichen Erhöhung zu schreiben. Man müsse sich zur Einfachheit erheben, hat Augustinus geschrieben. Der Unterschied zwischen Bank und Straße findet sich nicht in dem, was man sehen kann. Vielmehr geht es darum, wie man selbst gesehen wird. Auf einer Bank ist man ein Bürger, auf der Straße Dreck. Das ist schon seltsam. So eine Unterscheidung.

Ich will ihm gerade erzählen, dass ich den Regenten gesehen habe im Donaupark, da presst Toni hervor, ob ich mich noch immer für den Sandler mit der Hermelinrobe interessiere. Er habe gehört, der König sei tot aufgefunden worden. Er sei auf einer Parkbank auf der Donauinsel gelegen, angeblich tagelang. Erst als die Krähen auf seinem Körper gehockt und an seinem Mantel gepickt hätten, hätten die Menschen seiner Leiche Beachtung geschenkt. Das passiere immer wieder, sagt Toni. Einer sterbe, und keinen kümmere es. In den Augen der anderen seien die Sandler bereits tot, da mache es keinen Unterschied, ob das Herz noch schlage oder nicht. Ich schlucke. Ich kneife Toni in die Schulter. Er schaut mich an. In seinen Augen sehe ich Verzweiflung. Ich kann nicht helfen. Sein Blick senkt sich wieder. Wir sitzen noch eine Weile und schweigen. Irgendwann stehe ich auf und gehe, sage, dass ich ihn bald wieder besuchen käme.

Es gibt keinen Grund, an Tonis Bericht vom Ableben des Hermelinkönigs zu zweifeln. Der Hermelinkönig ist tot. Trotz des Unfalls mit dem Skateboarder im Donaupark hatte ich bis eben Mut geschöpft. Immerhin habe ich ihn wieder gesehen. Nun also dieses Bild des tagelang auf einer Bank liegenden, in hundert Hermelinschwänze eingehüllten, reglosen toten Körpers. So reglos wie der Körper meiner Mutter im Krankenhauszimmer. Die Schwester, die das Fenster geöffnet hatte. Für die Seele, hatte sie gesagt.

Die Zeit steht still, wenn die Seelen wandern, und doch bemerkt man, dass sich die Wolken bewegen. Die Wolken scheren sich nicht um die Toten.

Ich denke daran, wie die ernsten, schwarz bekleideten Männer den Körper in einen raschelnden Sack steckten, wie die Krähen ins Zimmer geflogen kamen, während ich nur dastand, nichts sagte, jemand mich fragte, ob ich einen Kaffee trinken wolle, und ich nur dieses Geräusch des Reißverschlusses hörte. Es geht mir seither nicht aus dem Kopf, und die Schnäbel haben im Hermelin gepickt, und die Stirn meiner Mutter war noch warm, die Krähen hockten auf ihrem Körper, und als einige Stadtbeamte kamen, zogen sie den Hermelinkönig aus, schnitten den Mantel auf und machten dabei ihre Scherze. Sonst hält man das nicht aus. Und dann steckten sie ihn in einen Sack und ließen den Körper des Königs verschwinden. So ist das. Er ist in einen Sack gekommen, und der Sack wurde, begleitet von diesem unerträglichen Geräusch, mit einem Reißverschluss verschlossen, und niemand hat ein Fenster geöffnet. Wenigstens, so tröste ich mich, ist er auf einer Bank gestorben. Für uns Bankiers gibt es keinen schöneren Tod.

Der Hermelinmantel

nussbraunes Modell mit einfacher Metallstange, die mehr als Bein, weniger als Armlehne dient, da sie zu hoch gewölbt ist, um den Arm entspannt aufzulegen. Sowohl Sitzfläche als auch Lehne bestehen aus einem Brett. Holz etwas morsch. Ein großer weißer Fleck auf der Lehne. Bank steht auf Wiese am Rand des Parks und richtet sich zur Straße und zu den dort geparkten Autos. Setze mich umgekehrt auf Bank, Blick auf das Drehen und Kreisen der Kohlmeisen. Aufenthalt: drei Stunden. Humpelnde Taube setzt sich ins hohe Gras.

Ich sitze und schaue, sitze und schaue. Die Welt zieht vorbei. Der Hermelinsandler ist nicht mehr. Ich kann es nicht ändern. Prince ist gestern umgezogen. Ich habe geholfen. Caro war schon in Deutschland. Es hat nichts bedeutet. Prince hat gesagt, dass er sich melde. Gut, habe ich gesagt. Mehr haben wir nicht gesprochen. Prince hatte es eilig wie ein Fisch. Jetzt sitze ich auf einer morschen Bank im Lainzer Tiergarten. Je mehr ich schaue, desto klarer erkenne ich, dass ich von den Bänken aus nichts von den Dingen sehen kann, um die es mir eigentlich geht. Sie finden im Unsichtbaren statt. Die Menschen auf den Straßen verbergen das, was sie ausmacht. Gefühle sieht man nicht. Gedanken sieht man nicht. Die Zeit sieht man nicht. Ängste sieht man nicht. Trauer sieht man nicht. Freude sieht man nicht. Was ist mit mir? Sieht man mich?

Vor mir Gestrüpp, aus dem eine Elsbeere hervorsticht. Weinrote Blätter und von der Hitze zerfressene Fruchtmumien hängen an ihren Zweigen. Einbalsamierte Farben überall. Selbst diese Farben sind nur Schein. Sie werden braun, dann schwarz, dann verschwinden sie. Ich schaue auf, aber da ist nichts. Nur die Farben der Parfümflaschen meiner Mutter. Sie standen aufgereiht im Badezimmer. Wenn nach dem sonntäglichen Bad Sonnenlicht durch das Milchglasfenster in den dampfenden Raum drang, schillerten diese Flaschen wie der blaue Himmel durch ein Kaleidoskop. Gerüche sieht man nicht. Stimmungen sieht man nicht. Ich frage mich, ob ich lieber erblinden oder unsichtbar werden würde. Meine Hoffnung: im dauernden Sehen nicht mehr gesehen werden. Die Wirklichkeit:

Ich sehe mich nur selbst. Kein Entkommen. Kann man nichts machen. Wenn es ein Entkommen gäbe, könnte man auch aufhören, zu denken und alles zu notieren. Man könnte überhaupt aufhören. Durch die Augen der anderen müsste man sich sehen können. Das wäre was. Dann wäre man wer. Dann wäre man niemand. Man wäre wer, der niemand ist. So wie alle, die durch die Augen der anderen gesehen werden. Verzwickt ist das. Wie ich wohl aussehen würde, auf der Bank in der Porzellangasse sitzend, würde ich mich aus dem Lampenschirmgeschäft sehen können. Das würde ich gern sehen. Ich pfeife. Seit wann pfeife ich? Ich habe jedenfalls begonnen, zu pfeifen. Eine Melodie, irgendeine Melodie. Vielleicht rede ich auch mit mir selbst. Ich hoffe nicht. Das wäre mir unangenehm. Aber man kann sich nicht schützen vor solchen Dingen. Ich sitze und bleibe der, der ich bin. Selbst wenn ich ganz still im Dunkeln sitze und die Luft anhalte, fließt noch Blut durch meine Adern. Ich notiere: Die Bank ist ein guter Freund. Sie beschwert sich nie.

dunkelgrünes Modell, das im Dreieck mit zwei Zwillingsbänken steht. Die Sitzfläche besteht aus vier Brettern mit leichter s-förmiger Wölbung. Lehne: einbrettrig. Schwarzes Gusseisen dient als Arme und Beine und ragt hinten über Lehne hinaus. Jugendstilbank. Bank steht wind- und teilweise sonnengeschützt aufgrund einer Hecke, in der Mäuse rascheln. Unter allen Bäumen Kies aufgeschüttet. Auf den anderen Bänken sitzen Jugendliche und hören Musik, rauchen. Ein schwarzer Mistkübel hängt an der nahen Laterne, die Zigarettenstummel liegen darunter oder in der Abflussrinne, die neben der Bank verläuft. Aufenthalt: fünf Stunden. Der Sonnenuntergang spiegelt sich in den Albertinafenstern. Habsburger Wind, es riecht nach Käsekrainern vom Würstelstand.

Es wird Herbst. Wie letztes Jahr. Nur die Blätter fallen anders. Ich denke an die alte Frau am Tannhäuserplatz. Ob sie wohl wieder auf der Bank ruht? Ich sitze auf einer Bank im Willi-Frank-Park. Die Wasseranlagen im Park plätschern munter trotz des auffrischenden Winds. Herabgefallene Zweige schwimmen im Planschbecken. Ein Kind zählt bis zehn, mit dem Gesicht gegen eine Esche gedrückt. Es rennt los. Ich weiß nicht, wohin. Ich blicke um mich, da sehe ich vor einem heruntergekommenen Second-Hand-Geschäft ein weißes Schimmern. Es ist ein Hermelinmantel. Er hängt um den Torso eines Mannequins. Ich stehe auf. Kann das wirklich sein? Ich nähere mich und sehe sogleich, dass es nicht der Hermelinmantel des Königs ist. Dazu ist er zu gräulich. Aber ein Hermelinmantel ist es trotzdem. Wahrscheinlich kein echter. Es ist schwer zu sagen. Ich kenne mich nicht aus. Herr Mitra würde Bescheid wissen. Ich stehe vor dieser Königsrobe und streiche mit meiner Hand über sie. Sie ist weich. Speckig. Das Fell ein wenig abgewetzt. Ich gehe in den Laden. Stickige Luft, es riecht nach Leder. Ein junger Verkäufer mustert mich etwas erschrocken. Es ist der Bart, ich weiß es. Ich bekunde mein Interesse an dem Mantel aus Hermelinpelz, frage, ob es echter Hermelin sei. Er fährt hoch. Sie würden doch, um Gottes willen, keinen echten Pelz anbieten. Der Mantel, ein Abendmantel, um genau zu sein, sei ein Überbleibsel aus dem Theaterstück eines Freundes, ein Faux fur. Ich bin ein wenig enttäuscht, bitte um Verzeihung, bitte trotzdem darum, den Faux fur anprobieren zu dürfen. Der junge Verkäufer seufzt. Er nimmt mich nicht ernst. Mit einem kleinen Stab tritt er vor die Tür und nimmt den Mantel vom Mannequin. Er hält ihn mir hin. Ich nehme den weichen Kunststoff in meine Hände und schlüpfe rasch hinein. Ich fühle die rauen Fasern, das kratzige Futter auf meiner Haut. Der Mantel riecht wie ein gerade verglühendes Lagerfeuer, verkohlt und süß. Bei jedem meiner sorgsam gewählten Schritte auf dem Laminatboden raschelt es wie bei einem sanften Windstoß im Wald. Meine Haare stellen sich unter dem falschen Pelz auf. Es wird heißer und heißer. Sanfte, unbewegte Hermelinpfoten bedecken jeden Millimeter meines Körpers. Da räuspert sich der Verkäufer. Ich erwache aus meinem Rausch. Ich kaufe den Mantel, sage ich. Er ist überrascht, aber das kümmert mich nicht.

Schon stehe ich wieder auf der Straße. Diesmal aber trage ich einen Hermelinmantel. Ich bin der König. Mein Bart ist mächtig. Mein Hermelin ist falsch. Ich bin der König der Fische! Ich bemerke die Blicke der Passanten. Vor allem die Kinder starren mich großäugig an. Manche lachen. Ich nehme Haltung an. Ein König muss Haltung bewahren! Wie ein Bankier. In meinem Kopf bläst ein Marsch. Die Dämmerwolken färben sich gülden. Der Asphalt ein Teppich, die Stadt ein Palast. Dieser Mantel ist keine Verkleidung. Er ist eine zweite Haut.

Im Arbeitszimmer meiner Mutter stand eine große Truhe, in der sie allerhand Verkleidungen aufbewahrte: Cowboyhüte, Zorromäntel, Spielzeugpistolen, Masken, Perücken, Handschuhe, Piratenohrringe und Augenklappen. Oft öffnete meine Mutter die Truhe, es roch nach

Schminke, Hautcreme und alter Wolle, und kleidete mich an. Dann schminkte sie mich. Diese Prozedur war heilig für mich gewesen: Nie hätte ich es währenddessen gewagt, meinen Mund zu öffnen. Sobald sie mich angekleidet und geschminkt hatte, hatte sie mich nur noch als das angesprochen, was ich geworden war. Jetzt bin ich zum König geworden. Ich gehe in Kurven durch die Bezirke. Es mag sein, dass das Kaiserreich Geschichte ist. Aber Wien ist für Regenten gebaut. Es lebt fort in den Dingen, die man nicht weggeschmissen hat. Dem Silberbesteck und den Statuen, den Mänteln und Gemälden. Ich stolziere durch diese Stadt. Von Bank zu Bank. Meine Mutter sieht mich nicht. Aber weiß man das sicher?

Friedhof St. Marx, 26. November, 10:15 Uhr

hellbraunes Modell auf kleiner, matschiger Wiesenfläche zwischen Gräbern und Bäumen. Lehne ein dickes Brett. Sitzfläche vierbrettrig. Gusseiserne Armlehne und Beine in bekannt verspielter Form. Bank ist beweglich. Ich sitze den ganzen Tag und schaue mir die Grabsteine an. Aufenthalt: zweiundzwanzig Stunden. Verstecke mich, als Friedhofswärter durch den Park geht, und bleibe über Nacht. Im Dunkeln höre ich die nahe Autobahn lauter. Es raschelt im Geäst über mir. Die Toten schweigen, aber sie hören zu.

Als meine Mutter kaum mehr gehen konnte, wollte ich sie noch einmal zu ihrer Bank bringen. Sie hatte oft dort gesessen, wenn sie mit unserem Hund spazieren gegangen war. Es war eine schöne Holzbank am Rand eines Waldes unter einer alten Eiche. Man blickte auf offene Felder und hörte die rauschende Autobahn. Tagelang versuchte ich, sie zu überreden, bis sie eines Nachmittags ganz plötzlich sagte: Lass uns gehen. Es war ein furchtbar heißer Tag. Ich war müde und sorgte mich um sie. Bevor wir aufbrachen, rieb ich sie an Armen und Beinen mit Milch ein. Es war unser Ritual, auch wenn es eigentlich nichts half. Denn auf Anraten des Arztes musste sie ihren Körper sowieso komplett bedecken, um ihn vor jeglicher Sonneneinstrahlung zu schützen. Sorgsam wickelte sie also einen orangenen Schleier um ihr Gesicht und über ihre nackte Kopfhaut. Ihre Liebe zu schillernden Farben hatte sie nicht verloren. Sie sah aus wie eine Fata Morgana, unwirklich mit dem um sie hängenden Stoff. Sie bewegte sich in einem Wind, den es gar nicht gab. Wir fuhren eine kurze Strecke mit dem Auto zum nächstmöglichen Parkplatz. Von dort waren es knapp einhundert Meter zur Bank über einen ebenen Trampelpfad. Die Luft stand still, kein Vogel schrie in der Hitze. Meine Mutter drückte ihre Krücke in den Boden und stützte sich mit dem anderen Arm auf meiner Schulter. Durch ihre Schleier drang der Geruch von Medizin und Milch. So gingen wir zwei Meter durch die pralle Sonne. Dann ruhten wir uns kurz aus, sie setzte ein Lächeln auf, das für mich bestimmt war, und kommentierte etwas, was sie sah, einen Baum, eine

Wespe oder eine Erinnerung vor ihren Augen. Es folgten zwei weitere Meter und Ausruhen, zwei Meter und Ausruhen. Sie bemerkte: Du strengst dich ja mehr an als ich. Nach einer halben Stunde hatten wir es geschafft. Sie setzte sich erschöpft auf die Bank. Die Eiche spendete etwas Schatten. Die Milch musste meiner Mutter über den ganzen Körper rinnen. Ich war erleichtert und angespannt zugleich. Ihre unter dem Schleier blinzelnden grauen Augen wanderten etwas ziellos umher. Ich bekam das Gefühl, dass sie eigentlich nichts sahen und der Blick nach innen fiel. Ich fragte meine Mutter: Ist alles in Ordnung? Sie entgegnete: Ja, es ist schön. Versprichst du mir etwas? Ich zögerte nicht: Ja. Was soll ich dir versprechen? Sie wartete einen Augenblick. Dann sah sie durch ihren Schleier in meine Augen und sagte: Denke ab und an an mich. Ich nickte. Das war ihr genug.

Kurz darauf starb sie, und seither habe ich die Bank nicht mehr besucht, und ich habe auch in Wien keine Bank gefunden, die ihr ähnelt.

eine kurvige Form. Zwanzig dünne braune Holzplatten, die Sitzfläche und Lehne vereinen. Armlehne und Beine sind aus Metall und in verspielter, geschwungener Form. Die Beine überkreuzen sich zu einem X. Steht abgewandt von der Straße, in Richtung eines alten Lampenschirmgeschäfts. In der Spiegelung des Schaufensters das Farbenmeer einer wohlhabenden Stadt. Nur wenige Schritte weiter steht eine andere, zur Straße gerichtete Bank gleicher Bauart (Zwilling). Wenige Schritte in die entgegengesetzte Richtung eine Werbesäule und Fahrradständer. Trotz der lebendigen Umgebung, des Lärms der Autos und Straßenbahnen, eine große Stille, die von der Bank ausgeht. Aufenthalt: drei Stunden. Vergesse die Stadt in meinem Rücken.

Man kann alles auf einer Bank vergessen. Eine Jacke, ein Lotterielos oder das Notizbuch. Die Gefühle, die man hatte, als man noch stand oder ging. Die Zeit. Manchmal vergisst man auch, warum man sich hingesetzt hat. Dann blickt man um sich und erhebt sich verdutzt. Ob die Bank vergisst, weiß ich noch immer nicht. Ich schaue sie an. Sie schaut mich an. Doch, doch. Ich bin mir ziemlich sicher, dass sie sich an alles erinnert, was auf ihr geschieht.

Ich nehme mein Notizbuch heraus und formuliere einen Antrag an das Stadtamt. Ich fordere, dass jeder Mensch im Lauf seines Lebens verpflichtet werden solle, eine Sitzbank an einer für ihn besonders wichtigen Stelle zu platzieren. So hätten nicht nur alle einen Platz zum Sitzen, sondern diese Orte wären auch das Gedächtnis der Stadt. Jede Bank, schreibe ich, würde die Geschichte einer Person erzählen, ihre Leidenschaften, Ängste und Hoffnungen in einen Ausblick verwandeln.

Ich werde das nie abschicken. Niemand würde das ernst nehmen, denke ich und bemerke, dass sich wer neben mich gesetzt hat. Ein Jugendlicher, vielleicht fünfzehn Jahre alt. Der junge Mann blickt ins Schaufenster. Er sitzt und schaut. Ich schaue ihn an. Ich erkenne, dass er gern hier sitzt. Er sitzt so in den Tag hinein … er fühlt es. Er bankiert.

Kurz bleibe ich noch. Ich sitze neben diesem Jugendlichen, fühle noch einmal die Welt durch mich strömen auf dieser Bank. Dann richte ich mich auf und breche auf. Ich will zur Mauernische meiner Mutter fahren und ihr das Notizbuch an die Mauer legen. Vielleicht kann sie es lesen. Zuvor aber treffen ich noch Annemarie in einem Café. Ich hoffe, sie mag meinen Bart.

Nachsitzen

Bei Einbruch der Nacht steigen Nebelschwaden auf. Niemand weiß wirklich, woher sie kommen. Auf den Gräsern sammeln sich Tröpfchen, so fein, man kann nicht unterscheiden, ob sie aus einer kaum merklichen Wunde der Ährchen stammen oder aus der Atmosphäre. Gleich eines vor die Augen gebundenen Flors verleiht der Nebel der Dunkelheit eine milchige Konsistenz. Längst hat wer die schweren Gittertore des Parks verschlossen. Niemand sitzt mehr auf den Bänken am Teich. Niemand liegt mehr unter den stillen Eichen. Die Wege sind leer. Nur der Nebel zögert unter den erloschenen Laternen wie ein Gespenst, unsicher, ob er weiter vordringen oder sich auflösen soll. Eine zähe Masse bedeckt die Luft. Selbst das Mondlicht verzagt im Angesicht dieser Vermengung aus Nässe und Schwärze. Die Erde senkt sich, aber etwas gerät in Bewegung: ein Rascheln in den Gebüschen. Die sich untertags vor den Menschen versteckenden Wesen kriechen und flattern hervor. Vorsichtig und geschickt. Sie zahlen einen Preis für ihre Unsichtbarkeit. Ihre Körper sind geschunden, ihr Fiepen und Fauchen geschwächt. Fähen, Gelbhalsmäuse und Totenkäfer zählen sich zu jenen, die jetzt die Stadt regieren, genau wie Aronstäbe, Nachtkerzen und im Kreis schwirrende Fledermäuse. Laubfrösche, Marder und Nixen, die sich auf die Suche nach verlorenen Seelen machen, bevor der Morgen graut. Diese Wesen wissen, dass ihre Zeit begrenzt ist. Schon das erste Blau am nahenden Morgenhimmel könnte sie verraten. Sie bewegen sich schnell in den von Nebel und Dunkelheit vorgezeichneten Wegen. Sie töten ohne Zeugen. Sie lieben im Obskuren. Sie flüchten vor dem Licht. Aber da ist noch etwas, ein Murmeln und Wispern, ein anschwellendes Stimmengeflirr, kaum hörbar, aber doch klarer werdend, ja, es kommt aus allen Windrichtungen, bahnt sich seine Wege zwischen den nun innehaltenden Wesen. Angestrengt lauschen sie, darauf bedacht, zu erkennen, ob eine Gefahr ausgeht von diesen Stimmen oder nicht. Die Stimmen kommen von Nirgendwo, sie kommen nicht, sie sind bereits da. Sie sind das Raunen der Dinge selbst: Es spricht aus dem Holz der Bänke, aus den versiegelten Mündern der Statuen, aus den Brunnenschächten, Fenstersimsen, von den Begrenzungssteinen und abgestellten Fahrrädern. Die Wesen lauschen nun den Zäunen und Bordsteinkanten, den Ziegeldächern und dem Asphalt. Erst jetzt verstehen die Wesen, was die Dinge da unablässig von sich geben. Erst jetzt lassen sich aus dem Geräuschteppich jene Fäden ziehen, die sich zu einer Geschichte zusammenfügen. In jeder vernebelten Nacht nämlich erzählen sich die Dinge ihre Erinnerungen. Die abgedrehten Laternen berichten von ihre Körper streifenden Motten, die Lenkstangen der Fahrräder von den Handflächen und Lebenslinien der Menschen, die Ziegelsteine vom Weg der Sonne und die Parkbänke von all den Geheimnissen derer, die untertags auf ihnen gesessen sind.

Inhalt

Patrick Holzapfel, geboren in Augsburg,
lebt in Österreich. Er arbeitet als Schriftsteller,
Filmkritiker und freier Kurator.
Hermelin auf Bänken ist sein erstes Buch.

Fünfte Auflage Berlin 2024

Großbeerenstraße 57A | 10965 Berlin
info@rohstoff-literatur.de

Umschlag: Marion Wörle, Berlin
Satz: Tom Mrazauskas, Berlin
Druck: Art-Druk, Szczecin

ISBN 978-3-7518-7025-2

www.matthes-seitz-berlin.de
www.rohstoff-literatur.de

Rohstoff Verlag ist ein Verlagsprojekt
von Matthes & Seitz Berlin.

Aslı Özdemir

warte ich muss das teilen

R16 | 256 Seiten | ISBN 978-3-7518-7019-1

Ihrem stockend-depressiven Schwebezustand – bestehend aus aufgeschobener Abschlussarbeit, zäher Liebesbeziehung und mehreren Wochen Quarantäne – setzt Aslı Özdemir den radikalen Nikotinentzug und versförmige Tagebucheinträge entgegen. Doch je mehr sie das Entzugserleben poetisch-protokollierend erkundet, umso deutlicher tritt ein einengendes Konfliktfeld aus Politischem und Persönlichen zutage. Und so gerät das tippende Texten immer häufiger zur streitenden, zeternden, schimpfenden, letztlich wütend-befreienden Tastaturfuchtelei, nur um sich bald darauf wieder in schöpferischem Sanftmut zu erholen: »was nun? aushandeln stetig / ausgraben stetig / das feld ist offen / das feld wartet / das feld ist feucht / der regen frisch«.

Rohstoff × Literatur

SGL

Ich kann dich noch sehen (an diesen Tagen)

Days you'll find me (in a place I like to go)

R18 | 144 Seiten | ISBN 978-3-7518-7023-8

Rahel muss eine Vergewaltigung anzeigen. Aber wie kann sie der Polizei vertrauen, die sie mit Gewalt gegen sich und ihre Umgebung in Verbindung bringt? *Ich kann dich noch sehen (an diesen Tagen)* stellt die Frage, wer von staatlichen Institutionen Hilfe erwarten kann und wer nicht, wer als »gutes« Opfer gilt und wer als »glaubhafter« Täter und wie mit Taten, die gleichzeitig so intim und doch so öffentlich sind, umgegangen werden kann. Ein roher, ungeschönter Blick auf die Intersektionen zwischen Herkunft, Weiblichkeit und struktureller Ausgrenzung und ein Versuch, Worte für Unsagbares zufinden.

Rohstoff × Literatur

Hannes Bajohr

(Berlin, Miami)

R14 | 273 Seiten | ISBN 978-3-7518-7013-9

Die Welt in Hannes Bajohrs *(Berlin, Miami)* ist alles, was einer mit vier Gegenwartsromanen gespeisten KI zugefallen ist: ein namenloser Programmierer, der Listen daraufhin prüft, wer tot ist und wer nicht. Agenten der sogenannten Ãää-Firma, die Ãäängste schüren wollen. Die Gründung des niedrigen Kongresses auf Sylt. Kieferling und Teichenkopf. Lebensviren und Co-Yoga. Pechwörterworte, Sechs-Lame-Sprache und DER UNTERSCHIED. Was daraus generiert wird, ist Erzählung als bloßes Oberflächenphänomen, der irrwitzige Fiebertraum eines Sprachmodells, das Liebesgeschichten und Verschwörungsnarration simuliert, um sich – der Logik von Realität und Grammatik zum Trotz – umgehend selbst ins Wort zu fallen, an die Wand zu fahren und auch noch der letzten kausalen Klammer zu entledigen. Doch anstatt schlussendlich daraus aufzuwachen, wird die KI von Bajohr immer weiter angespornt, bis selbst der altbekannte Traum der Roboter von elektrischen Schafen platzen muss und so der Literatur gänzlich neue Rahmen steckt.

Rohstoff × Literatur

Hartmut Geerken

Obduktionsprotokoll

R13 | 352 Seiten | ISBN 978-3-7518-7011-5

Hartmut Geerken protokolliert die Obduktion eines Gehirns, protokolliert, ohne Komma, ohne Strich oder Punkt, Frage- oder Ausrufezeichen, ohne Unterbrechung durch Absätze, durch Sätze, die starken Reaktionen im Gehirn, wenn Wörter aufeinandertreffen, sich vermischen, neuronal verschalten, Welten neu entstehen lassen. Was dabei in der Niederschrift zutage tritt, ist das Gehirn als ein Knäuel von Tonbändern mit zahllosen, immer wieder überspielten Spuren, ist alles, was in wenigen Kubikzentimetern Gehirnmasse Platz findet: Pyramiden & Gräber, Mythologien, Musik & Politik, Anatomie & Kochkunst, Mykologie, Pornografie & Mystik, Enzyklopädisches, Philosophisches, Triviales, Exotisches, Erotisches, das Hirn, das Herz, die Hoden, Free Jazz & Eingeweide. Die sprachliche Fixierung lässt so ein Geflecht entstehen, eine demokratisierte Sprech- und Sprachenlandschaft voll von Verweisen, eine Fläche, auf der alles verflochten ist, was im Gehirn Platz hat. *Obduktionsprotokoll* ist eine Wiederentdeckung, die nichts von ihrer radikalen Weltoffenheit eingebüßt hat und umweglos hineinführt »in den glückszustand des abschweifens«, »& zwar praktisch für immer«.

Rohstoff × Literatur